TERAPIA COGNITIVO-COMPORTAMENTAL

TRANSTORNO DE ESTRESSE

PÓS-TRAUMÁTICO

COLEÇÃO PSICOTERAPIAS
COGNITIVO-COMPORTAMENTAIS

VOLUME **3**

TERAPIA COGNITIVO-COMPORTAMENTAL

TRANSTORNO DE ESTRESSE

PÓS-TRAUMÁTICO

Eliane Mary de Oliveira Falcone
Margareth da Silva Oliveira
(Organizadoras)

© 2013 Casapsi Livraria e Editora Ltda.
É proibida a reprodução total ou parcial desta publicação, para qualquer finalidade, sem autorização por escrito dos editores.

1ª Edição	*2013*
Editor	*Ingo Bernd Güntert*
Gerente Editorial	*Fabio Alves Melo*
Coordenadora Editorial	*Marcela Roncalli*
Produção Editorial	*ERJ Composição Editorial*
Projeto Gráfico de Capa	*Ana Karina Rodrigues Caetano*

Dados Internacionais de Catalogação na Publicação (CIP)
Angélica Ilacqua CRB-8/7057

Terapia cognitivo-comportamental : transtorno de estresse pós--traumático / Eliane Mary de Oliveira Falcone, Margareth da Silva Oliveira (organizadoras) -- São Paulo : Casa do Psicólogo, 2013. (Coleção Psicoterapias Cognitivo-Comportamentais, v. 3)

ISBN 978-85-8040-208-7

1. Trauma 2. Transtornos 3. Estresse 4. Saúde pública I. Falcone, Eliane Mary de Oliveira II. Oliveira, Margareth da Silva

13-0219   CDD 616.89142

Índices para catálogo sistemático:
1. Psicologia - Terapia cognitivo-comportamental

Impresso no Brasil
Printed in Brazil

As opiniões expressas neste livro, bem como seu conteúdo, são de responsabilidade de seus autores, não necessariamente correspondendo ao ponto de vista da editora.

Reservados todos os direitos de publicação em língua portuguesa à

Casapsi Livraria e Editora Ltda.
Rua Simão Álvares, 1020
Pinheiros • CEP 05417-020
São Paulo/SP – Brasil
Tel. Fax: (11) 3034-3600
www.casadopsicologo.com.br

Apresentação

A publicação do terceiro volume da coleção *Terapias Cognitivo-Comportamentais* aborda um problema de saúde pública altamente relevante em todo o mundo: o transtorno do estresse pós-traumático. Os efeitos de experiências traumáticas foram descritos inicialmente em sobreviventes de guerra. Posteriormente, outros tipos de trauma – tais como desastres naturais, violência e acidentes graves – passaram a ser investigados, contribuindo para que esse problema fosse incluído nas classificações de transtornos psiquiátricos, a partir de 1952, com a primeira edição do Manual Diagnóstico e Estatístico (DSM) da Associação Psiquiátrica Americana (APA), sendo sua categoria de transtorno de estresse pós-traumático (TEPT) definida pela primeira vez na terceira edição desse manual.

As experiências traumáticas ocorrem no mundo atual com muita frequência, sob a forma de enchentes e desabamentos decorrentes de fenômenos da natureza, de guerras, de violência familiar, de assaltos com ou sem sequestros, de abuso sexual infantil, de estupros etc. Entretanto, nem todas as pessoas que passam por essas experiências desenvolvem o TEPT. Assim, conhecer os fatores de vulnerabilidade para o transtorno é essencial para a sua prevenção e tratamento.

As organizadoras

Prefácio

A presente obra se volta para um tópico de saúde pública na sociedade atual: o transtorno de estresse pós-traumático (TEPT). Essa afirmativa se justifica, uma vez que os estudos de prevalência sugerem que entre 2% e 5% da população mundial apresentará TEPT ao longo da vida. Em nosso país tal prevalência talvez seja ainda maior, uma vez que dados da Unesco indicam o Brasil como o terceiro, em um *ranking* de mais de cem países, na mortalidade por arma de fogo entre jovens e uma triste liderança mundial em acidentes de trânsito. O TEPT tem atraído o interesse da sociedade científica brasileira também nos últimos dez anos, e tal interesse tem produzido novas formas de avaliação, validação de instrumentos internacionais para nossa realidade e, principalmente, estudos sobre a eficácia de diferentes tratamentos para vítimas de traumas.

A partir dos últimos três anos, por exemplo, pode ser encontrada nas bases de dados quase uma centena de estudos indicando a eficácia da Terapia Cognitivo-Comportamental (TCC) no tratamento de portadores de TEPT e de vítimas de uma grande variedade de eventos traumáticos. Os resultados são consonantes: a TCC tem se mostrado uma intervenção altamente eficaz no tratamento desses tipos de sintomas e do transtorno como um todo. Adicionalmente, sua combinação com tratamentos farmacológicos tem indicado resultados ainda mais promissores.

O presente trabalho traz como ponto forte o fato de ser de leitura fácil, acessível e rápida. Os autores passam pela diversidade da complexidade do transtorno e seu tratamento, apresentando os conceitos fundamentais para a compreensão, com muita objetividade e cientificidade.

O leitor encontrará dados sobre o trauma e suas consequências, alertando sobre como identificar um evento traumático. Logo após, as características e os desafios do diagnóstico de TEPT são apresentados. Idiossincrasias como as questões de memória e os aspectos biológicos da ansiedade tomam espaço na discussão, levando o leitor a compreender aspectos psicológicos e neurofuncionais do transtorno de forma acessível.

Os tratamentos recebem especial atenção. A intervenção farmacológica e em TCC é descrita de forma estruturada, facilitando a compreensão mesmo do leitor menos familiarizado com tais procedimentos. O relato de caso e as perspectivas futuras convidam o leitor a aprofundar seus conhecimentos sobre o tema, que, apesar de trazer uma visão geral completo, cria um espaço motivador e instiga ao estudo do tema.

Dra. Carmem Beatriz Neufeld
Doutora em Psicologia pela PUC-RS; Coordenadora do Laboratório de Pesquisa e Intervenção Cognitivo-Comportamental (LaPICC); Docente Orientadora do Programa de Pós-Graduação em Psicologia do Departamento de Psicologia da Faculdade de Filosofia, Ciências e Letras de Ribeirão Preto da Universidade de São Paulo; Presidente da Federação Brasileira de Terapias Cognitivas (FBTC) Gestão 2011-2013.

Sumário

1 O Trauma e suas consequências 13
Ana Lúcia Pedrozo
Paula Ventura

Transtorno de Estresse Pós-Traumático:
diagnóstico e características gerais................. 14
Memória e TEPT 23
Biologia da ansiedade...................................... 27
TEPT e os Estudos de Neuroimagem 30
Tratamentos 35
Farmacoterapia.. 47
Relato de Caso 48
Perspectivas futuras 64
Referências 67

2 Avaliação e intervenção no transtorno de estresse pós-traumático em crianças e adolescentes: contribuições da terapia cognitivo-comportamental 75

Patricia Barros

> Avaliação para o tratamento de TEPT em TCC 79
> Intervenção 83
> Considerações finais 90
> Referências 93
> Autores 97

CAPÍTULO 1

O Trauma e suas consequências

Ana Lúcia Pedrozo
Paula Ventura

Quando nos deparamos com uma situação traumática, ou seja, alguma situação que envolva morte, sério ferimento ou grave ameaça à integridade física, é difícil prever como iremos reagir. Muitos se surpreendem com reações inesperadas a assaltos, sequestros, estupros, acidentes de trânsito, catástrofes naturais, diagnóstico de doenças graves, morte de alguém emocionalmente próximo etc., pois acabam tendo atitudes que não imaginariam, como gritar com um assaltante, sentir-se extremamente calmo ou "paralisado".

Passar por situações traumáticas é algo relativamente frequente. Dados americanos apontam que entre 50% e 90% da população dos Estados Unidos passa por um evento traumático, segundo critérios do DSM-IV (Breslau e cols., 1998; Kessler e cols., 1995), ao longo da vida. A maioria reage de maneira saudável, recuperando-se após um curto período de intensa ativação emocional. Outros passam pelo que os pesquisadores chamam de crescimento pós-traumático, ou seja, fortificam-se e passam a valorizar mais a vida. Contudo, cerca de 10% das pessoas que passam por esse tipo de situação desenvolvem sintomas de transtorno de estresse pós-traumático (TEPT), que podem surgir imediatamente após o trauma ou após um período depois do acontecimento.

Transtorno de Estresse Pós-Traumático: diagnóstico e características gerais

O transtorno de estresse pós-traumático (TEPT) é um dos transtornos de ansiedade descritos pela quarta edição do Manual Estatístico e Diagnóstico de Transtornos Mentais (APA, 1994). A reação desses indivíduos ao evento traumático ao longo do tempo é causadora de intenso sofrimento.

Os critérios diagnósticos encontram-se no Quadro 1. Como vemos no quadro, três grupos de sintomas devem ocorrer. No primeiro grupo são incluídos sintomas de *revivescência*. O trauma é constantemente revivido pelo indivíduo acometido por meio de lembranças intrusivas (imagens do evento, pensamentos ou percepções), pesadelos envolvendo o evento traumático, *flashbacks* que envolvem a sensação de o evento estar ocorrendo novamente e grande sofrimento psíquico quando o indivíduo é defrontado com estímulos que lembrem o trauma. É comum que sinta como se o evento traumático estivesse ocorrendo novamente, havendo um grau de realidade tão intenso que pode levá-lo a sentir odores, sensações físicas de dor, sons e outras reações ocorridas no momento do trauma.

O segundo grupo de sintomas envolve *reatividade fisiológica* provocada por estímulos relacionados ao trauma. A seguir, no tópico de neurobiologia, teremos mais informações sobre as alterações fisiológicas presentes. Nesse grupo de sintomas estão a excitabilidade aumentada, que pode ser observada na forma de respostas de sobressalto exageradas (por exemplo, levar um susto com qualquer som inesperado), hipervigilância (estar extremamente atento na maior parte do tempo), irritabilidade, insônia, dificuldade de concentração ou agitação frequente.

No terceiro grupo de sintomas observa-se *esquiva* persistente desses estímulos e *entorpecimento emocional*. Como parte da esquiva o paciente faz esforços para evitar pensamentos e sentimentos associados ao trauma e para evitar atividades, locais ou pessoas associadas ao trauma. É comum ocorrer um entorpecimento psíquico ou embotamento afetivo (*numbing*), no qual ocorre redução na capacidade de experimentar quaisquer sentimentos, tanto os relacionados ao trauma quanto os não relacionados, como sentimentos de intimidade, ternura e sexualidade. O indivíduo passa a se sentir "anestesiado", afastando-se de atividades e pessoas em geral. O TEPT é diagnosticado se esses sintomas persistirem por mais de quatro semanas após o trauma e ocasionarem comprometimento na vida social e laborativa.

Quadro 1 Critérios diagnósticos do DSM-IV

CRITÉRIO A	CRITÉRIO B	CRITÉRIO C
1) A pessoa vivenciou, testemunhou ou foi confrontada com um ou mais eventos que envolveram morte ou grave ferimento, reais ou ameaçados, ou uma ameaça à integridade física, própria ou de outros.	1) Recordações aflitivas, recorrentes e intrusivas do evento, incluindo imagens, pensamentos ou percepções. 2) Sonhos aflitivos e recorrentes com o evento. 3) Agir ou sentir como se o evento traumático estivesse ocorrendo novamente (inclui um sentimento	1) Esforços no sentido de evitar pensamentos, sentimentos ou conversas associadas ao trauma. 2) Esforços no sentido de evitar atividades, locais ou pessoas que ativem recordações do trauma.

Continua

CONTINUAÇÃO

CRITÉRIO A	CRITÉRIO B	CRITÉRIO C
2) A resposta da pessoa envolveu intenso medo, impotência ou horror.	de revivência da experiência, ilusões, alucinações e episódios de *flashbacks* dissociativos, inclusive aqueles que ocorrem ao despertar ou quando intoxicado).	3) Incapacidade de recordar algum aspecto importante do trauma.
	4) Sofrimento psicológico intenso quando da exposição a indícios internos ou externos que simbolizam ou lembram algum aspecto do evento traumático. 5) Reatividade fisiológica na exposição a indícios internos ou externos que simbolizam ou lembram algum aspecto do evento traumático.	4) Redução acentuada do interesse ou da participação em atividades significativas. 5) Sensação de distanciamento ou afastamento em relação a outras pessoas. 6) Faixa de afeto restrita (por exemplo, incapacidade de ter sentimentos de carinho).

CONTINUA

Continuação

CRITÉRIO A	CRITÉRIO B	CRITÉRIO C
		7) Sentimento de um futuro abreviado (por exemplo, não espera ter uma carreira profissional, casamento, filhos ou um período normal de vida).
1) Dificuldade em conciliar ou manter o sono. 2) Irritabilidade ou surtos de raiva. 3) Dificuldade em se concentrar. 4) Hipervigilância. 5) Resposta de sobressalto exagerada.	A duração da perturbação (sintomas dos critérios B, C e D) é superior a um mês.	A perturbação causa sofrimento clinicamente significativo ou prejuízo no funcionamento social ou ocupacional ou em outras áreas importantes da vida do indivíduo.

Durante a situação traumática podem ocorrer vários tipos de reações, denominadas peritraumáticas, que incluem imobilidade tônica, dissociação peritraumática e pânico peritraumático. Os sintomas dissociativos podem aparecer durante a situação traumática, bem como em períodos posteriores, na forma de entorpecimento emocional, despersonalização (não reconhecer a si mesmo), desrealização (não reconhecer o local onde se encontra) ou experiências de sair do corpo. Normalmente, essas reações ocorrem durante os períodos de *flashbacks*.

Não se sabe ao certo o que determina se uma pessoa desenvolverá TEPT após um evento traumático, mas alguns fatores de risco já foram identificados pelos pesquisadores. Um estudo de revisão realizado em 2000 por Brewin e colaboradores verificou 14 fatores de risco: gênero feminino, baixa idade, baixo nível socioeconômico, baixo nível educacional, baixa inteligência, etnia minoritária, histórico de doença psiquiátrica, abuso na infância, experiências traumáticas prévias, experiências adversas na infância (excluindo abuso), histórico familiar de doenças psiquiátricas, gravidade do evento traumático, baixo apoio social e ocorrência de outros eventos estressantes após o evento traumático. Além disso, alguns fatores que ocorrem durante o evento traumático podem aumentar as chances de desenvolvimento de TEPT, como reações peritraumáticas (Joseph e cols., 1994) ou a capacidade percebida pelo indivíduo acerca de seu controle sobre a situação (Whealin, Ruzek & Southwick, 2008).

Algumas características parecem colaborar para a recuperação após o trauma. Esses fatores de proteção incluem a resiliência e o apoio social percebido. A resiliência é definida como a capacidade de superar adversidades. Pessoas resilientes conseguem deixar o trauma no passado com mais facilidade que as não resilientes, mas a boa notícia é que desenvolver a resiliência é possível. Estudos mostram que pessoas que passaram por eventos traumáticos e se submeteram, logo após, a um tratamento para estimular a resiliência desenvolveram índices menores de depressão do que as que não foram submetidas ao tratamento. A resiliência inclui capacidade de solucionar problemas, responsabilidade, autoestima, independência, bem-estar, iniciativa, bom humor, *insight*, criatividade, entre outros (Nemeroff e cols., 2006). O apoio social também tem papel importante após um trauma.

Cabe mencionar que, após um evento traumático, embora a maioria das pessoas evolua sem transtorno mental, algumas apresentarão TEPT e/ou outros transtornos. Por exemplo, o Furacão Andrew atingiu o sul da Flórida em 1992, destruindo 63 mil casas, deixando 250 mil desabrigados e matando 38 pessoas. Entre os residentes das áreas mais atingidas que não apresentavam transtornos mentais seis meses antes do furacão, 36% passaram a apresentar TEPT, 30% depressão maior, 11% transtorno de ansiedade generalizada, 10% transtorno do pânico, 8% agorafobia e 2% dependência de álcool (David e cols., 1996). O problema é que o TEPT é o único transtorno mental (com exceção da reação aguda ao estresse, um conceito correlato) que tem como causa direta e necessária a exposição a um evento traumático. Assim, todos os outros transtornos mentais existem na população geral sem que seja necessária a exposição a um evento traumático. Dessa forma, o aumento da prevalência de outros transtornos mentais após o trauma pode se dever à recidiva de transtornos previamente existentes, ou mesmo como uma consequência do TEPT (Breslau, 2009).

Portadores de TEPT podem desenvolver outros transtornos concomitantemente. Esses transtornos podem ser secundários ao TEPT, remitindo após o tratamento do transtorno primário, ou podem ocorrer sem relação direta entre si, sendo necessário o tratamento de ambos. Cerca de 88% dos homens e 79% das mulheres com TEPT apresentam ao menos um outro transtorno mental durante suas vidas. Um episódio depressivo maior está presente em algum momento da vida de 48% dos homens e de 49% das mulheres com TEPT, dependência ou abuso de álcool em 51,9% dos homens e 27,9% das mulheres, dependência ou abuso de outras drogas em 34,5% e 26,9%, distimia em 21,4% e 23,3%, transtorno de ansiedade generalizada em 16,8% e 15%, e transtorno do pânico em 7,3% e 12,6%, respectivamente (Kessler e cols., 1995).

Dificuldades no diagnóstico

Lang (1979) formulou uma teoria denominada Teoria do Processamento Bioinformacional, na qual três tipos de estímulos que ocorrem durante o evento traumático estão presentes: características das situações em si (estrutura física e verbalizações do agressor, do local, de objetos presentes), reações físicas e comportamentais do indivíduo (tremores, suor, tentativas de reagir) e interpretações que o indivíduo faz da situação (as pessoas não são confiáveis, sexo é algo ruim e agressivo). Todos esses estímulos ficam conectados em uma rede de memória traumática e funcionam como gatilhos que, quando confrontados, ativam toda a rede, produzindo *flashbacks*. Por exemplo, alguém que desenvolveu TEPT após uma enchente pode ativar as mesmas reações fisiológicas, comportamentais e cognitivas (interpretativas) quando começa a chover. Dessa forma, o indivíduo fica com forte tendência a evitar qualquer estímulo que ative essa rede. Essa seria uma reação adaptativa, na medida em que o corpo se prepara para evitar a todo custo uma nova situação envolvendo risco de morte.

Esses sintomas de evitação observados em pacientes com o diagnóstico de TEPT dificultam o diagnóstico correto do transtorno e, consequentemente, seu tratamento adequado. Esses pacientes evitam buscar tratamento mesmo com o intenso sofrimento experimentado, já que falar sobre o trauma dispara reações tão aversivas. Importantes centros de pesquisa ao redor do mundo apontam dificuldades de recrutar pacientes para pesquisas justamente por esse motivo e necessitam implementar estratégias específicas para o recrutamento que geralmente não são necessárias em centros de pesquisa de outros transtornos. Muitos pacientes podem buscar tratamento para a depressão desenvolvida secundariamente ao TEPT, mas, se o profissional não suspeita da existência de sintomas de TEPT, o transtorno pode passar despercebido e não haver resposta adequada ao tratamento. Mesmo profissionais experientes correm o risco de subdiagnosticar esses pacientes. Por isso é de suma importância investigar em qualquer paciente histórico de eventos traumáticos e as reações desencadeadas por eles. Familiares podem ser úteis na coleta desses dados, mas os próprios pacientes, quando devidamente questionados, são capazes de passar essas informações.

Memória e TEPT

O TEPT é considerado um transtorno de memória. Brewin (2001), autor da teoria sobre a memória do TEPT denominada Teoria da Representação Dual, descreve basicamente dois tipos de memória: a Memória Verbalmente Acessível (MVA) e a Memória Situacionalmente Acessível (MSA). A primeira, MVA, é aquela que conseguimos verbalizar com facilidade, colocar em um contexto específico e evocar por nossa própria vontade. Se você decide contar a alguém sobre o seu último aniversário, por exemplo, provavelmente conseguirá verbalizar com facilidade, observar um distanciamento do tempo, ou seja, entenderá que aconteceu há alguns meses, em outro contexto, e se lembrará do evento voluntariamente. Já a MSA corresponde à memória implícita. É, em geral, mais facilmente sentida do que verbalizada (é mais fácil simplesmente dirigir do que descrever como se dirige), não está presente em um contexto específico e costuma ser evocada automaticamente por algum estímulo que remeta a ela (se você sente um cheiro específico, pode lembrar-se da comida feita por alguém especial, por exemplo).

Costumamos armazenar nossas memórias autobiográficas nesses dois sistemas: seu lado verbal fica retido na MVA e seu lado mais emocional, na MSA. Contudo, pacientes com TEPT não processam a memória traumática adequadamente, retendo-a quase que integralmente na MSA. É por isso que, em geral, o evento traumático é relatado por eles de forma fragmentada, desorganizada, inconsistente e com muitos lapsos (dificuldade de verbalizar). Assim, a memória traumática apresenta como características as recordações vívidas do evento, incluindo muitos detalhes sensoriais e a dificuldade do paciente de expressar os detalhes num discurso coerente e em ordem cronológica (Schauer, Neuner & Elbert, 2005).

Os sintomas de revivescência do trauma, em especial na forma de *flashbacks* ou pesadelos, sinalizam um déficit na memorização da situação traumática. A contínua evocação dessas memórias parece ser um dos mecanismos subjacentes à manutenção dos sintomas de TEPT por longos períodos de tempo. Os pacientes descrevem as memórias ligadas ao trauma como autônomas ou parasitárias. O TEPT pode ser considerado uma modalidade de patologia da memória, segundo alguns autores, devido aos sintomas de revivescência do trauma, que é uma característica peculiar desse transtorno quando comparado aos outros transtornos de ansiedade (Figueira & Mendlowiscz, 2003).

Muitos transtornos psiquiátricos, especificamente os de ansiedade, estão envolvidos com a incapacidade de controlar o medo, sugerindo que o condicionamento do medo tem participação significativa na sua formação e manutenção (LeDoux, 1998; Liggan & Kay, 1999). Consequentemente, a compreensão do sistema de medo pode auxiliar no entendimento dos transtornos de ansiedade, assim como em seu tratamento. O sistema de memória implícita, em especial, está relacionado com o condicionamento do medo e tem sido objeto de estudo de alguns autores que pretendem compreender melhor os mecanismos neurobiológicos da ansiedade (Brewin, 2001; LeDoux, 1998; Schauer e cols., 2005). A efetividade do tratamento psicológico pode estar associada à capacidade de regularizar as informações armazenadas no sistema implícito de memória que estaria relacionado aos processos não conscientes (Etkin, Phil, Pittenger, Polan & Kandel, 2005). O TEPT é uma patologia que inclui diretamente um evento condicionado em sua definição. Sem a exposição a uma situação de estresse extremo não é realizado o diagnóstico. No entanto, como vimos anteriormente, a exposição ao trauma não é suficiente para desenvolver o TEPT.

No decorrer de uma experiência traumática, o corpo e o cérebro tornam-se extremamente excitados e ficam preparados para reagir. Assim, as informações sensoriais e perceptuais, principalmente, são armazenadas na memória durante um estado emocional de elevada ativação. Essas informações (sensoriais e emocionais) são armazenadas separadamente da informação relacionada ao conteúdo. No entanto, fazem parte da rede do medo que é interconectada a outras informações. Dessa forma, a rede do medo inclui experiências sensoriais, cognitivas, fisiológicas e emocionais, incluindo o dispositivo de ação relacionado com a experiência. Estímulos ambientais (por exemplo, cheiro, ruído) e sinais internos (um pensamento, por exemplo) podem ativar essas estruturas do medo mais tarde, em qualquer momento. A ativação de apenas alguns elementos da rede é suficiente para ativar toda a estrutura, caracterizando um sintoma de *flashback*. Uma vez que a ativação da rede do medo é uma recordação assustadora e dolorosa, muitos pacientes com TEPT aprendem a evitar sinais que agem como lembranças do evento traumático. Eles tentam não pensar sobre qualquer parte representada na rede do medo, não falar sobre o assunto e se manter distantes de pessoas e lugares que tragam lembranças do evento. Em contraste com a vasta memória do medo, pacientes que sofrem de TEPT têm prejuízos com a memória autobiográfica, isto é, apresentam dificuldades de contextualizar o medo do evento apropriadamente no tempo e no espaço em que ocorreram.

Biologia da ansiedade

A seguir vamos abordar brevemente o modelo clássico do medo, para melhor compreensão dos achados dos estudos de neuroimagem, mencionados no próximo tópico. Pesquisas em neurociências têm revelado que a amígdala apresenta-se como uma estrutura importante no processo de medo condicionado, e, conforme mencionado anteriormente, os transtornos de ansiedade estão envolvidos com a incapacidade de controlar o medo.

Quando estamos na presença de perigo ou de estímulos que alertam para o perigo, ocorrem reações endócrinas, autônomas e comportamentais em nosso organismo. A ativação da amígdala produz a estimulação de redes responsáveis pelo controle da expressão de uma variedade de reações específicas para cada espécie, como: imobilização, luta, fuga, expressões faciais e reações do sistema nervoso autônomo (alteração da pressão sanguínea, dos batimentos cardíacos, piloereção, suor, reações hormonais e liberação de hormônio do estresse) (LeDoux, 1998).

Os sistemas anatômicos relacionados ao aprendizado do medo permitem respostas rápidas aos estímulos percebidos como potencialmente perigosos e também respostas mais demoradas envolvidas com processamento mais elevado da informação de estímulos sensoriais complexos e o contexto ambiental. As respostas mais rápidas estão relacionadas às projeções do tálamo sensorial para a amígdala lateral. Essa projeção envolve o condicionamento rápido para características auditivas e visuais simples responsáveis por respostas de medo de baixo nível de consciência. Já as respostas mais demoradas envolvem projeções do córtex sensorial de associação e estruturas corticais mesiotemporais para a amígdala. Essa projeção está relacionada a respostas condicionadas para estímulos sensoriais mais complexos (Charney, 2003). O trajeto de informações tálamo-amígdala é mais curto e mais rápido, mas, conforme citado, passa ao largo do córtex e não pode fazer uso de um processamento mais elaborado. Como resultado, fornece apenas uma representação grosseira do estímulo à amígdala, mas é uma via veloz da informação. Assim, essa via direta permite-nos dar início à reação diante de um estímulo potencialmente perigoso, antes mesmo de termos plena consciência de qual é o estímulo. Quando nos assustamos com um som, que a seguir revela-se inofensivo (por exemplo, fogos de artifício), estamos diante de uma primeira reação rápida em resposta a um estímulo potencialmente perigoso (poderiam ser tiros), que a seguir é visto como neutro, quando temos consciência de qual é o estímulo. Dessa forma, o processamento cortical não é necessário para a informação alcançar a amígdala por meio da via direta do tálamo, consequentemente, o reconhecimento consciente de um estímulo aversivo não é necessário para ativar respostas de medo (Öhman, 2005). Isso pode ser muito útil em situações de perigo. No entanto, essa vantagem exige que o caminho cortical seja capaz de ignorar a via direta em situações que não representem perigo real. Uma das funções do córtex seria, portanto, impedir reações inadequadas (LeDoux, 1998). No exemplo anterior, seria o equivalente a não chamar a polícia diante de sons de fogos de artifício. Do ponto de vista da sobrevivência, é mais interessante reagir ao perigo em potencial como se fosse real do que deixar de reagir. As vias subcorticais fornecem uma imagem grosseira do mundo, enquanto as representações mais detalhadas e precisas provêm do córtex. As vias tálamo-amígdala e córtex-amígdala convergem no núcleo lateral da amígdala, que parece ter um papel importante na coordenação dos processos sensoriais que constituem o estímulo de medo condicionado. Depois que a informação sensorial passa pela amígdala lateral, a representação neural do estímulo é distribuída em paralelo em vários núcleos da amígdala que podem ser modulados por sistemas como o de memórias de experiências passadas ou sistemas relacionados ao estado homeostático do indivíduo e deflagram todo um repertório de reações de defesa (Charney, 2003; LeDoux, 1998). Portanto, quando ocorre uma situação desagradável, pode ocorrer o condicionamento de medo e, assim, esses estímulos serão reconhecidos antes mesmo de o indivíduo ter consciência deles.

Outras estruturas além da amígdala também estão evolvidas no condicionamento do medo, como: córtex mesiotemporal, tálamo, córtex sensorial, córtex pré-frontal orbital e medial, ínsula anterior, hipotálamo e múltiplos núcleos do tronco cerebral (Charney, 2003).

Múltiplas áreas do córtex pré-frontal medial e orbital parecem exercer um papel na modulação da ansiedade e outros comportamentos emocionais. Essas estruturas participam da interpretação do significado de estímulos, na modificação de respostas comportamentais baseadas no binômio recompensa *versus* punição e na predição de consequências sociais relacionadas a respostas comportamentais de eventos emocionais. Essas áreas compartilham projeções recíprocas com a amígdala. Assim, o córtex pré-frontal pode modular respostas de estímulos emocionais mediadas pela amígdala e a amígdala pode modular a atividade neural do córtex pré-frontal. Trata-se de uma via de mão dupla (Charney, 2003).

TEPT e os Estudos de Neuroimagem

A neurociência tem desenvolvido vários métodos para analisar a função cognitiva e potencializar a compreensão do funcionamento mental de indivíduos saudáveis e com transtornos psiquiátricos. Os avanços recentes nas técnicas de neuroimagem têm ajudado a aumentar o entendimento dos correlatos neuronais dos transtornos mentais. A utilização de técnicas de neuroimagem, como a Tomografia por Emissão de Pósitron (PET), a Ressonância Nuclear Magnética Funcional (RNMF) e a Tomografia por Emissão de Fóton Único (SPECT), para esclarecer as mudanças cerebrais associadas a sintomas de psicopatologias e seu tratamento tem sido uma área de contínuo interesse nas pesquisas psiquiátricas.

As intervenções psicológicas podem promover alterações nos pensamentos, sentimentos e comportamentos dos pacientes, no entanto, os mecanismos biológicos relacionados ao tratamento são pouco conhecidos. A investigação dos correlatos neurobiológicos relacionados à psicoterapia é de grande importância, pois a melhor compreensão dos mecanismos cerebrais subjacentes à terapia pode promover melhoras nas intervenções terapêuticas, assim como ampliar o conhecimento sobre a formação e manutenção dos sintomas (Hyman, 2007; Kumari, 2006; Linden, 2006). Elucidar os correlatos neurais associados à redução de sintomas tem sido objeto de estudo de pesquisas que pretendem identificar os mecanismos biológicos da psicoterapia (Beauregard, 2007; Etkin e cols., 2005; Kumari, 2006; Linden, 2006; Roffman, Marci, Glick, Dougherty & Rauch, 2005).

Felmingham e cols. (2008) identificaram em seu estudo que os pacientes com TEPT que responderam ao tratamento com TCC apresentaram regularização da ativação de estruturas envolvidas no processamento do medo. Especificamente, aumento na ativação do córtex cingulado anterior e diminuição da atividade da amígdala. Esse resultado corrobora a hipótese do modelo clássico do medo, no qual há um aumento da ativação da amígdala e hipoativação de regiões frontais, que se normalizam após o processamento adequado do medo.

Farrow e cols. (2005) investigaram se indivíduos com TEPT poderiam apresentar alteração na fisiologia da cognição social, especialmente a capacidade de perdoar e a de sentir empatia. Segundo eles, os sintomas poderiam atenuar a ativação cerebral dessas áreas. Os autores também tinham interesse em descobrir se esses pacientes, caso fossem submetidos à TCC, poderiam ter suas alterações regularizadas.

A capacidade de perdoar e a empatia em sujeitos saudáveis estão relacionadas à ativação das seguintes áreas: córtex pré-frontal medial esquerdo, giro temporal medial anterior esquerdo, giro frontal inferior esquerdo, giro orbitofrontal, giro cingulado posterior/pré-cúneo (Farrow e cols., 2001).

O estudo revelou que os pacientes, depois do tratamento com TCC, apresentaram melhora dos sintomas acompanhada de aumento da atividade cerebral em áreas que haviam sido relacionadas previamente com a cognição social (Farrow e cols., 2001). Houve aumento especificamente da ativação do giro temporal medial esquerdo em resposta ao paradigma de empatia. O mesmo processo ocorreu com o giro cingulado posterior, que teve sua ativação aumentada em resposta à condição de perdão após o tratamento.

Pode-se especular que os sintomas relacionados ao grupo de entorpecimento psíquico poderiam comprometer as habilidades como empatia e perdão, uma vez que os indivíduos apresentam dificuldade de sentir emoções como intimidade e ternura e se sentem desconectados de si. O estudo de Farrow e cols. mostrou que a TCC pode tanto auxiliar na remissão dos sintomas de TEPT quanto promover a ativação das áreas cerebrais relacionadas à cognição social de empatia e perdão.

A predição de respostas é outra linha de estudo que vem se desenvolvendo e que tem como objetivo verificar se o metabolismo cerebral de um paciente pode predizer qual intervenção terapêutica é mais indicada. No entanto, poucos estudos foram delineados até o momento, dessa forma, citaremos apenas as pesquisas de Bryant e cols. (2008a; 2008b).

Bryant e cols. (2008a) utilizaram ressonância magnética funcional para verificar se o cérebro de indivíduos com TEPT que respondem ao tratamento com TCC é ativado de maneira diferente do cérebro dos que continuam preenchendo critério para o transtorno após o tratamento. Os autores concluíram que, se o processamento do medo realizado pela amígdala é excessivo, pode ser mais difícil regularizar a ansiedade durante a TCC, dificultando o sucesso terapêutico, uma vez que o estudo revelou que os pacientes que não responderam ao tratamento apresentaram maior ativação da amígdala bilateral e do córtex cingulado anterior direito ventral antes do tratamento.

Em seu outro estudo, Bryant e cols. (2008b) observaram que não só a ativação, mas também o tamanho de determinadas regiões cerebrais pode estar envolvido na resposta ao tratamento com TCC. Eles revelaram que os pacientes com TEPT que responderam à terapia tinham maior volume do córtex cingulado anterior rostral do que os pacientes que não obtiveram melhora dos sintomas. Como essa região estaria envolvida com a regulação do medo, pode-se supor que, visto que o volume é maior, esses indivíduos parecem estar mais aptos a regular o medo, processando-o de maneira mais adequada ao longo da TCC.

Concluindo, a TCC tem se mostrado eficaz no tratamento de vários transtornos mentais, embora os efeitos neurobiológicos de sua atuação sejam pouco conhecidos. A terapia favorece a reestruturação dos pensamentos, a modificação dos sentimentos e comportamentos e promove novos aprendizados. Consequentemente, envolve mudanças sinápticas (Moraes, 2006). Os estudos com neuroimagem proporcionam um meio para observar e caracterizar mudanças no funcionamento cerebral relacionadas a intervenções psiquiátricas. Compreender como um indivíduo processa um estímulo pode ser uma informação importante para sua resposta terapêutica (Etkin e cols., 2005).

Os achados de neurociências associados aos estudos de neuroimagem podem favorecer o incremento do nosso conhecimento sobre as bases neurobiológicas das psicoterapias, assim como o aprimoramento das intervenções a fim de aumentar a eficácia dos tratamentos. Podemos integrar as pesquisas em neurociência às psicoterapias. O modelo de Brewin (2001) para o TEPT apresentado nesta parte do capítulo e os de neuroimagem são exemplos dessa colaboração para a TCC.

Tratamentos

O tratamento do TEPT envolve medicações psicotrópicas e psicoterapia. O principal objetivo do tratamento é "colocar o trauma no passado". Para isso, a memória traumática precisa ser elaborada e contextualizada, interpretações distorcidas que ajudam a manter o medo precisam ser modificadas e estratégias de enfrentamento inadequadas devem ser corrigidas.

Terapia Cognitivo-Comportamental

As terapias que mais se adéquam aos objetivos mencionados são as de cunho cognitivo-comportamental, com foco no trauma. A Terapia de Exposição Prolongada, desenvolvida por Edna Foa (1998), emprega psicoeducação, técnicas de manejo da ansiedade, reestruturação cognitiva e exposições *in vivo* e imaginária. Para que essas estratégias ocorram de forma adequada, é necessária uma completa coleta de dados.

Coleta de dados

Acessar informações precisas sobre a maneira como o paciente lida com a memória do trauma é condição necessária para o tratamento eficaz. Além da identificação dos sintomas de acordo com os critérios diagnósticos do DSM-IV, listados no primeiro tópico, é importante compreender os momentos mais intensos do trauma, os sentimentos predominantes, entender o que tem sido mais difícil para o paciente desde o início dos sintomas e explorar as interpretações do paciente acerca dos sintomas. Além disso, deve-se investigar como o paciente vem tentando deixar o trauma no passado (que estratégias de enfrentamento vem utilizando), o que tem evitado, o que faz quando os sintomas de revivescência aparecem, compreender onde estão os lapsos de memória, o que ele acha que acontecerá se entrar em contato com a memória do trauma e se há pensamentos ruminativos. É possível que a pessoa tenha tido várias experiências traumáticas, mas só uma delas não tenha sido processada adequadamente e tenha se correlacionado com o desenvolvimento de transtornos psicológicos. Como exemplos, temos motoristas de ônibus que já foram assaltados à mão armada inúmeras vezes, mas que só desenvolveram TEPT após o nono assalto. Moradores de áreas de risco que veem corpos mortos diariamente perto de suas casas e que só apresentam problemas a partir de certo momento. Veteranos de guerra que só desenvolvem TEPT e depressão após terem participado de três guerras e que têm como registro uma determinada situação considerada a mais traumática, como, por exemplo, a visão da morte de um amigo.

Psicoeducação

A psicoeducação tem grande importância na adesão do paciente ao tratamento. Se ele entende os motivos pelos quais é necessário que se exponha a elementos que tanto evita, fica mais fácil enfrentá-los. Uma metáfora interessante a ser usada para explicar o motivo pelo qual o paciente precisará falar sobre o trauma é dizer que, no momento, ele está como um armário tão cheio que é impossível fechá-lo. Os objetos ficam caindo do armário, impedindo seu fechamento, porque estão entulhados de forma desorganizada. Para que ele possa ser fechado, é necessário retirar todos os objetos contidos nele e reorganizá-los.

Além disso, compreender que os sintomas que têm experimentado são previstos e estudados pode levar os pacientes a modificar ideias distorcidas sobre o quadro de TEPT, como, por exemplo, a ideia de estar ficando maluco, e promover um senso de acolhimento. Para isso, é interessante discutir sobre as reações comuns a um evento traumático e por que elas ocorrem.

Dessa forma, explicar ao paciente a natureza dos sintomas que tem experimentado, além de informá-lo sobre os propósitos e técnicas utilizadas no tratamento, é de grande utilidade.

Técnicas de manejo da ansiedade

Ser capaz de diminuir por conta própria a ansiedade diante de uma lembrança incômoda do trauma tem impacto na autoeficácia do indivíduo acometido pelo transtorno. As técnicas de manejo da ansiedade são ensinadas aos pacientes a fim de que possam utilizá-las em situações em que sentirem aumento do desconforto emocional. Essas técnicas têm o papel de regularizar os aspectos fisiológicos, o que impacta diretamente a ansiedade. São especialmente úteis durante o enfrentamento de estímulos associados ao trauma, o que ocorre durante o emprego das técnicas de exposição.

Em geral, são utilizadas a respiração diafragmática e o relaxamento muscular progressivo. A respiração diafragmática é uma técnica muito utilizada na TCC para os transtornos de ansiedade e tem mostrado eficácia para os pacientes com TEPT. Esse método de relaxamento parte da observação de que as pessoas respiram superficialmente quando estão ansiosas, o que leva a um desequilíbrio entre oxigênio e gás carbônico no organismo (Greenberger & Padesky, 1999). Esse desequilíbrio se correlaciona com os sintomas físicos da ansiedade, como tonteira, boca seca, taquicardia, sudorese etc. O objetivo da respiração diafragmática é, portanto, restabelecer o equilíbrio reduzindo esses sintomas e controlando a ansiedade.

O relaxamento muscular progressivo promove um relaxamento profundo, eficaz para pessoas cuja ansiedade é fortemente associada à tensão muscular. A pessoa aprende a discriminar entre tensão e relaxamento em cada grupo muscular, da cabeça aos pés, e a associar a sensação de relaxamento a uma palavra-chave, como "calma" ou "relaxe" (Foa & Rothbaum, 1998).

Reestruturação cognitiva

A reestruturação cognitiva é uma técnica amplamente utilizada na prática cognitivo-comportamental. O pressuposto básico da TCC envolve a ideia de que a maneira pela qual enxergamos dada situação (nossas interpretações) influencia o modo como nos sentimos e como nos comportamos. Portanto, o entendimento de como o evento traumático é interpretado pelos pacientes auxilia no entendimento de sua intensa ativação emocional e dos comportamentos por eles adotados.

A presença de crenças rígidas a respeito de si mesmo, do mundo e dos outros é considerada um fator de risco para o desenvolvimento e a manutenção do TEPT. Fortes ideias de segurança podem ir de encontro à ocorrência do evento, causando grande dissonância cognitiva. O oposto também ocorre, visto que a ideia de vulnerabilidade pode ser fortemente reforçada pela ocorrência de trauma.

Além disso, o TEPT é comumente associado à crença de que o trauma modificou permanentemente a maneira de ser da pessoa e suas metas de vida.

Sujeitos que desenvolvem TEPT após a ocorrência de um evento traumático costumam relatar fortes reações de raiva, vergonha e perda de confiança no outro durante os piores momentos do evento. Esses sentimentos são excelentes pistas para a identificação dos pensamentos a eles subjacentes.

A reestruturação cognitiva é realizada a partir de uma análise de evidências. Como sujeitos com o diagnóstico de TEPT geralmente possuem crenças rígidas, há de se prever que elas não sejam 100% verdadeiras em 100% das situações. A ideia comum no TEPT de que o mundo é extremamente perigoso cai por terra na medida em que existem locais mais perigosos que outros, situações mais perigosas que outras e horas do dia mais propensas a perigos específicos do que outras. O papel do terapeuta é investigar junto ao paciente as evidências específicas que apoiam ou refutam as crenças apresentadas pelo paciente, flexibilizando ideias rígidas que ajudam a manter o medo. Muitos terapeutas novatos têm a ideia de que o paciente precisaria, para se recuperar, ver o mundo como um lugar seguro, o que é impossível. O objetivo é, na verdade, relativizar e flexibilizar a ideia de insegurança.

Nesse sentido, é importante que o terapeuta não assuma uma postura desafiadora na mudança de crenças, mas que direcione o paciente cautelosamente aos aspectos que contradigam ideias aparentemente imutáveis. Afinal, se o paciente pensa de forma diferente, consequentemente ele se sente de forma diferente e passa a se comportar de forma correspondente. No Quadro 2 vemos um exemplo de conceituação cognitiva envolvendo as crenças centrais, crenças intermediárias e pensamentos automáticos presentes em um paciente com TEPT.

Quadro 2 Cognições de um paciente com TEPT

Crenças centrais	Crenças intermediárias	Pensamentos automáticos
"O mundo é completamente perigoso." "As pessoas não são confiáveis." "Sou um fracasso."	"Se eu sair de casa, posso ser assaltado" "Sempre desconfio das pessoas." "Se não sei lidar com essa situação é porque eu sou um fraco."	"Pode acontecer um acidente agora." "Aquele homem vai me assaltar." "Eu nunca mais serei a mesma pessoa."

Exposição

De acordo com Mowrer (1960), estímulos presentes no momento do trauma se conectam por condicionamento clássico. Estímulos que anteriormente não provocavam ansiedade, mas uma reação neutra, passam a provocar medo quando são associados a estímulos realmente perigosos. Por exemplo, uma situação que envolva risco de morte (estímulo incondicionado) pode começar a ser lembrada quando se passa na rua onde ocorreu a situação. Quando se depara com determinado tipo físico que lembre algum agressor presente naquele contexto, determinadas roupas, sons, cheiros, clima ambiental, reação corporal (estímulos condicionados) ficam ligados à ideia de morte, como peças de um quebra-cabeça. Não se sabe quais estímulos serão ligados ao trauma, e eles podem ser os mais diversos e específicos possíveis. Uma estratégia comum em pacientes com TEPT é tentar suprimir os pensamentos relacionados ao trauma. Contudo, essa estratégia se mostra ineficaz, visto que, quando suprimidos, esses pensamentos retornam de forma mais intensa.

A Terapia de Exposição é o tratamento padrão para o TEPT. Ela foi considerada pelo *Institute of Medicine* o único tratamento eficaz para o transtorno. A exposição tem como objetivo a habituação do organismo às situações que são vividas como ameaçadoras pelo sujeito, mas que na verdade não representam perigo. Em outras palavras, o objetivo é que estímulos que ativem lembranças do trauma não evoquem mais a intensa reação emocional que é sentida pelos pacientes. Para que haja habituação a esses estímulos, é necessário que haja enfrentamento de todos os estímulos presentes na rede de memória traumática. Caso não seja feita exposição a algum desses estímulos, este pode ser um gatilho para a recaída. Foi o que ocorreu com um paciente que se recusou a trabalhar o medo de elevador, surgido após o desenvolvimento do TEPT: ele voltou à vida normal, mas teve uma recaída após alguns meses. Em outras palavras, a exposição não funciona como uma "borracha" que apaga a ansiedade relacionada a esses estímulos. O que ocorre é a formação de novos condicionamentos, ou seja, os estímulos antes temidos passam a ser resignificados, pensados de maneira mais adequada à realidade. Dessa forma, esse novo condicionamento inibe o anterior (do medo), fazendo com que não haja ativação da ansiedade. Ocorre, portanto, a extinção do medo condicionado (LeDoux, 1998). Contudo, algumas condições são necessárias para que o enfrentamento leve à habituação do medo: ativação da ansiedade, repetições consistentes da exposição, diminuição da ansiedade antes da interrupção da exposição, manejo da evitação.

A ativação da ansiedade no momento da exposição é essencial para a extinção do medo, pois, se não há ansiedade, ou o paciente não condicionou aquele estímulo à rede de memória traumática, ou está havendo alguma evitação durante a exposição que pode não ser facilmente identificável pelo terapeuta. A repetição consistente da exposição também é necessária, pois espaços de tempo grandes entre uma exposição e outra não levam à habituação e ainda podem agravar o medo relacionado ao estímulo em questão. Dessa forma, é importante que a exposição seja realizada o maior número de vezes possível, incluindo várias vezes no intervalo de uma semana, por várias semanas, até que a habituação seja relatada. Além disso, caso a exposição seja interrompida antes da diminuição da ansiedade, a evitação é reforçada, ou seja, o paciente fortalece a ideia de que somente evitando ou fugindo do estímulo não se sentirá ansioso. Trata-se do esquema de reforço negativo, no qual a retirada de um estímulo aversivo aumenta a frequência da resposta, no caso, a probabilidade de afastamento do estímulo temido. Por outro lado, se ele se mantém na situação até que a ansiedade diminua, perceberá na prática que não há perigo real em estar diante daquele estímulo e que a ansiedade é tolerável, apesar de ser desagradável. Mesmo com todos esses cuidados, pode acontecer de não ocorrer habituação. Nesse caso, é importante verificar se o paciente está evitando aquele estímulo de alguma maneira. Por exemplo, se durante a exposição de andar de ônibus um paciente fecha os olhos, evita prestar atenção ao ambiente ou mantém o pensamento em outra situação, isso pode impedir a habituação da ansiedade ao ônibus. Concluindo, seguindo-se esses elementos essenciais, a exposição mostra-se bastante eficaz para o tratamento do TEPT.

A exposição geralmente é feita de maneira gradual. Dois tipos de exposição gradual são utilizados:

- Exposição *in vivo*

    Nesse tipo de exposição, faz-se o enfrentamento de situações específicas que provocam ansiedade no paciente por serem consideradas perigosas, mas que na realidade não são. Para tal, é construída uma hierarquia das situações que passaram a ser evitadas após o evento traumático. Os primeiros itens da hierarquia são os que provocam menos ansiedade no paciente, e gradualmente vão sendo listados itens que provoquem maior nível de ansiedade. A hierarquia é montada com o auxílio da escala SUDS (*Subjective Units of Distress*), na qual pergunta-se ao paciente, de 0% a 100%, quanto de ansiedade ele sente em cada item relatado por ele.

O enfrentamento deve ser realizado item por item, de modo que o que determina se o próximo passo da hierarquia será enfrentado é a habituação ao item anterior. A exposição não precisa necessariamente seguir a hierarquia montada no início do tratamento. Em alguns casos, deve-se flexibilizá-la de modo a adaptá-la melhor às necessidades do paciente. Pode acontecer de o paciente prever dado nível de ansiedade antes de iniciar a exposição e descobrir no momento do enfrentamento que aquele item provoca mais ansiedade do que imaginava. Nesse caso, é possível desmembrar ainda mais a hierarquia (por exemplo, em vez de pegar um ônibus até determinado ponto, pode-se começar saltando alguns pontos antes) ou questionar se o próximo item a ser enfrentado traria menos desconforto e, portanto, modificar a ordem da hierarquia.

A exposição *in vivo* termina quando todos os itens da hierarquia tiverem sido enfrentados e devidamente habituados.

- Exposição imaginária

    A exposição imaginária é um dos principais elementos do tratamento do TEPT. Consiste no relato oral ou escrito do evento traumático, respeitando-se as condições essenciais de ativação da ansiedade, repetição consistente do relato, diminuição da ansiedade antes da interrupção da exposição e manejo da evitação. O relato verbal deve ser realizado em ambiente seguro, o paciente deve manter os olhos fechados e falar no tempo presente, para que a memória seja intensamente ativada. Já que relembrar o trauma é o maior medo do portador de TEPT, o relato é feito gradualmente, iniciando-se com poucos detalhes, dependendo da tolerância do paciente. O primeiro relato é gravado e em seguida a gravação é acionada repetidamente. Enquanto o paciente fala, o terapeuta deve perguntar dentro de intervalos razoáveis de tempo o grau de ansiedade (de 0% a 100%) que ele está sentindo. A exposição poderá ser interrompida preferencialmente quando o paciente estiver sentindo ansiedade insignificante ou nula, ou pelo menos quando a ansiedade for menor do que a do auge observado durante o relato. O terapeuta deve estimular o maior número possível de detalhes durante o relato, respeitando sempre o limite do paciente. O grau de imersão, ou seja, de vivência completa da situação, pode ser graduado. Pacientes que tenham muita facilidade de imersão poderão iniciar o relato de olhos abertos, por exemplo, e aos poucos fecharão os olhos, à medida que a ansiedade diminuir.

Edna Foa, em sua Teoria do Processamento Informacional (1998), enfatiza que, para que haja habituação, é necessário haver ativação da memória traumática e incorporação de elementos seguros a ela. Essas informações ajudarão o paciente a diminuir o impacto emocional ocasionado pela ativação da memória do trauma.

Farmacoterapia

Os antidepressivos do tipo Inibidores Seletivos da Recaptação da Serotonina (ISRS) são as medicações mais eficazes e as únicas indicadas pelo *Food and Drug Administration* (FDA) para o tratamento do TEPT (Ballenger e cols., 2000; Ballenger e cols., 2004; Berger e cols., 2009). Apesar de existirem vários ISRSs, como fluoxetina, paroxetina, sertralina, citalopram etc., apenas a paroxetina e a sertralina possuem a indicação do FDA. Isso não significa que os outros ISRSs não sejam eficazes no tratamento do TEPT, eles apenas foram menos estudados. A paroxetina parece ser particularmente eficaz, mas alguns efeitos colaterais transitórios (por exemplo, sonolência, diarreia, enjoo, dor de cabeça) e outros mais duradouros (por exemplo, ganho de peso) podem limitar o seu uso na prática clínica. Outros tipos de antidepressivos, como os tricíclicos (por exemplo, imipramina, amitriptilina) e os inibidores da monoaminoxidase (IMAOs) (tranilpromina), são menos eficazes. A exceção se faz para a venlafaxina, um inibidor seletivo da recaptação da serotonina e da noradrenalina, que parece ser tão eficaz quanto os ISRSs (Davidson e cols., 2006a; Davidson e cols., 2006b). O problema é que muitos pacientes não respondem satisfatoriamente a essas medicações, mesmo quando utilizadas em dose e tempo adequados. Nesses casos em que os sintomas de TEPT se mantêm a despeito do uso dos ISRSs, a associação com outras drogas é necessária. A associação de antipsicóticos (por exemplo, risperidona) ou estabilizadores do humor (por exemplo, valproato de sódio) pode ser útil na redução dos sintomas remanescentes de TEPT. A prazosina, uma droga utilizada no tratamento da hipertensão arterial e da hiperplasia prostática, é uma associação eficaz, principalmente para o tratamento de pesadelos e insônia. Sempre que possível, o uso de benzodiazepínicos (por exemplo, clonazepam, diazepam) deve ser evitado, devido à falta de indícios de sua eficácia no tratamento do TEPT e ao seu potencial de abuso (Berger e cols., 2009).

Relato de Caso

O presente caso fez parte da pesquisa da equipe de TCC do Instituto de Psiquiatria da Universidade Federal do Rio de Janeiro (IPUB-URFJ) cujos objetivos foram: adaptar para a realidade brasileira o protocolo de tratamento para TEPT desenvolvido pela Dra. Edna Foa (1998) e sua administração em pacientes resistentes ou não tolerantes à medicação, do ambulatório de TEPT do IPUB.

Esse protocolo consta de 16 sessões com 90 minutos, uma por semana, com o terapeuta principal e mais três sessões de coterapia com 120 minutos, por semana, com o coterapeuta (estudante de graduação). O objetivo da coterapia é treinar os pacientes com as técnicas de manejo de ansiedade e ajudá-los com a terapia de exposição.

As técnicas utilizadas são: psicoeducação, reestruturação cognitiva, exposição imaginária, exposição *in vivo*, treino de respiração polarizada, respiração controlada e relaxamento progressivo.

Para avaliação da eficácia do protocolo, escalas psicométricas e medidas psicofisiológicas, descritas a seguir, foram administradas antes, durante e depois do tratamento.

Descrição do Caso

Dados do paciente

Sexo masculino, 37 anos, três filhos, natural do Rio de Janeiro, ensino fundamental incompleto, motorista de ônibus. No momento do tratamento recebia auxílio do INSS.

R procurou o primeiro atendimento no IPUB em outubro de 2007. Em 2008 estava ainda bem comprometido, apresentando sintomas graves, principalmente dissociação. Sua aparência lembrava a de um paciente psicótico. Apresentava alucinações e poderia facilmente ser diagnosticado de maneira errônea, o que comprometeria de forma negativa o tratamento e a vida do paciente. Os *flashbacks* também podem ser confundidos com sintomas de psicose. Quando do início do processo psicoterápico em 2009, o paciente estava com a aparência um pouco melhor devido ao tratamento medicamentoso, mas ainda apresentava a maior parte dos sintomas de TEPT, incluindo dissociação e grande comprometimento funcional.

R era motorista de ônibus e havia sofrido vários assaltos no trabalho. Em um deles os filhos estavam presentes, pois, nos finais de semana, costumava levá-los a passeio em seu trajeto. Em outro assalto, R viu o policial matar o assaltante. Um dos fatores de risco para o desenvolvimento do TEPT é a ocorrência de traumas anteriores.

Em 2006, uma mulher se suicidou jogando-se da passarela em cima do ônibus que R dirigia e ficou sob a roda traseira com os órgãos expostos e as pernas estraçalhadas. R não percebeu o que estava acontecendo e ao descer do ônibus se deparou com a cena. Sem saber o que fazer, resolveu dar marcha a ré e, nesse momento, sentiu suas pernas travadas. Atordoado, saiu do ônibus e ficou vários minutos sentado em frente ao corpo da mulher, observando-o e pensando em como poderia ter evitado o acidente, achando que "aquilo estava direcionado para ele", pois haviam ocorrido vários imprevistos que mudaram a hora do seu itinerário e o levaram a estar ali naquele momento.

R sentiu muita culpa e raiva de si mesmo, ficou nervoso e tremendo muito. Também sentiu o coração acelerado, desconforto abdominal, tonteira, respiração forte e sudorese. Sua pressão subiu e ele foi atendido pelos bombeiros. Seu filho mais novo estava dentro do ônibus chorando muito e R pediu que o levassem para casa.

Após o evento, R passou a ter pesadelos com o ocorrido e acordava angustiado, lembrava-se o tempo todo da cena do corpo, mesmo tentando esquecê-la. Passou a apresentar irritabilidade, desânimo, tristeza, perda de prazer nas atividades habituais, insônia inicial e intermediária, fadiga e impaciência. Apresentava também crises agudas de ansiedade com taquicardia e sudorese. Sentia-se alerta e sobressaltado, achando que algo ruim poderia acontecer a qualquer momento.

Tinha alucinações visuais e auditivas com a mulher que morreu e sentia muito medo. Teve diminuição da concentração e esquecia o que estava fazendo ou onde colocava as coisas. Perdia a noção do tempo e do espaço e saía de casa desorientado, sem saber para onde estava indo, com certa frequência. Tentou suicídio uma vez ingerindo medicação destinada ao tratamento psiquiátrico, acabando por ficar na casa da mãe. Também revivia frequentemente o evento traumático.

Pelo exposto acima, foi a partir desse trauma específico que R desenvolveu o TEPT. É importante saber qual evento traumático originou o TEPT e seus sintomas, principalmente imagens intrusivas e *flashbacks*, pois esse deve ser o principal foco do tratamento e as cenas a serem trabalhadas na exposição imaginária.

Em razão da gravidade dos sintomas, R parou de trabalhar e começou a restringir suas saídas. A esposa saiu de casa, pois "não aguentava o que estava acontecendo". Voltou depois que R havia iniciado o tratamento com TCC. Separações conjugais não raro acontecem com quem tem esse transtorno, pois a vida em comum se torna complicada e as pessoas que convivem com esses pacientes também têm dificuldades de lidar com a situação. Por isso, é sempre importante no início do tratamento uma sessão de orientação para a família.

O paciente recebeu o diagnóstico de transtorno de estresse pós-traumático e transtorno depressivo maior recorrente, episódio moderado (APA, 1994).

Tratamento

No início do tratamento psicoterápico o paciente fazia uso de tranilcipromina 120 mg, clonazepam 3 mg, haloperidol 15 mg e cloridrato de trazodona 200 mg, por dia. A medicação se manteve a mesma até o final da terapia.

R iniciou o tratamento com TCC em 2009, apresentava os sintomas descritos anteriormente e era resistente ao tratamento medicamentoso, pois obtivera pouca melhora nos sintomas de ansiedade e depressão, que ainda eram os mais expressivos do TEPT. Ainda apresentava os sintomas dissociativos, como perder a noção de tempo e espaço. Relatava sensação de fracasso e impotência. Sentia vergonha de sua aparência, pois engordara muito e se preocupava com o que as pessoas conhecidas estavam pensando sobre a sua mudança, o que o incomodava muito e aumentava a evitação de sair de casa.

Durante o tratamento, R sofreu novo assalto em um ônibus, com ameaça de morte pelos assaltantes, que apontaram a arma para ele. Houve piora dos sintomas, mas ele percebeu que não iria enlouquecer, como temia.

Ao final do tratamento, R presenciou perseguição de carro com tiros e morte enquanto estava no ponto de ônibus. Ficou assustado no momento, assim como todos os presentes, mas não se sentiu abalado após o ocorrido. No dia seguinte apresentou-se para sessão de coterapia sem ansiedade relativa ao acontecido.

O tratamento com TCC prosseguiu de acordo com o protocolo para TEPT descrito anteriormente e, como critério para avaliar a eficácia da TCC, a medicação deveria estar estável, isto é, sem alterações, até o final do tratamento. Caso contrário, isso poderia suscitar dúvidas no sentido de a melhora ocorrer devido à modificação da medicação. A seguir serão descritas as várias etapas do tratamento.

Psicoeducação

Nessa fase R recebeu orientações sobre o que é o TEPT e como seria o tratamento com TCC. Também houve uma sessão de orientação com a família com o mesmo objetivo, para que ela pudesse oferecer apoio mais adequado ao paciente.

R várias vezes questionava como o tratamento poderia dar certo. Disse à terapeuta, enquanto esta lhe dava as explicações sobre a terapia de exposição: "A senhora está querendo dizer que quanto mais eu andar de ônibus, melhor eu vou ficar?". "Isso mesmo!" – respondeu a terapeuta. "Acho que não, hein!", exclamou R. Nova explicação lhe foi dada, o que é importante ser feito com empatia, sempre que necessário, pois aos olhos de um observador leigo realmente não faz muito sentido você se expor repetidamente àquilo que lhe faz sofrer.

Porém, somente quando começou a melhorar com a terapia é que R passou a acreditar em sua eficácia.

Tal atitude é comum em relação à terapia de exposição, mesmo com pacientes que têm outros transtornos de ansiedade.

Em resumo, a psicoeducação foi de fundamental importância para a adesão de R ao tratamento.

Reestruturação cognitiva

R sentia raiva da pessoa que havia se suicidado, mas, principalmente, raiva em relação a si mesmo e muita culpa. Também sentia-se fracassado por não conseguir lidar com o que estava acontecendo. À noite tinha pensamentos de falta de sorte e punição. Em alguns momentos apresentava ideações suicidas.

As cognições relacionadas à vulnerabilidade identificadas durante essa fase foram: "Estou sendo punido por algo", "Na minha cabeça eu matei uma pessoa e ponto", "Tenho medo de ver um acidente", "Acho que sempre vai acontecer algo ruim no ônibus", "Se algo ruim acontecer de novo, tenho medo de enlouquecer", "Se não estou sabendo lidar com o que aconteceu é porque eu sou fraco".

Essas crenças foram trabalhadas com o uso da reestruturação cognitiva e, no ônibus, R seguia dizendo para si mesmo: "Nada de ruim está acontecendo nesse momento". Não sentia mais culpa pelo que acontecera e dizia: "Agora acho que fui vítima, sinto raiva dela". Quanto ao sentimento de fraqueza, dizia: "Quem é fraco não faz esse tratamento".

Em relação ao medo de enlouquecer, o fato de ter sido assaltado novamente durante o tratamento mostrou que isso não aconteceria.

Terapia de exposição

No início do tratamento R mostrou-se colaborativo de forma geral. Mas, na fase da terapia de exposição, desejou abandonar o tratamento. Isso é normal, pois há piora dos sintomas quando o paciente começa a se expor às situações que estava evitando. No caso de R, pioraram os sintomas de ansiedade, pensamentos intrusivos e pesadelos.

Sentia ansiedade alta no início, que, com o enfrentamento, foi reduzindo. Apenas a partir do quarto mês R apresentou melhora considerável, que se manteve ao final do tratamento.

Exposição imaginária

Nas sessões relativas a essa fase, R relatava as cenas do trauma, que eram gravadas para que as ouvisse em casa e nas sessões de coterapia. No início isso era feito de modo gradual, R fazia o relato de forma mais livre, de acordo com sua vontade. Mais tarde, o terapeuta o estimulou a falar mais sobre os detalhes da cena traumática, como acontecimentos, pessoas, cheiros etc. Ao final, somente os fatos que traziam mais ansiedade eram relatados.

Essa parte do tratamento causou muita ansiedade e irritação em R, que teve vontade de desistir e dizia não entender como a exposição imaginária poderia ajudá-lo, apesar de mostrar entendimento durante as explicações racionais do terapeuta. Depois, com a consequente melhora, passou a aceitar melhor esse mecanismo. O grau de ansiedade na exposição imaginária no início do tratamento era de 100% e, no final, de 0%.

Exposição *in vivo*

R apresentava comportamentos evitativos, tais como: sair de casa, ir a *shoppings*, falar sobre o trauma, atender ao telefone ou encontrar pessoas conhecidas – pois temia que falassem sobre o assunto – e andar de ônibus. Evitava, também, o contato com familiares e amigos, apesar de receber grande apoio deles.

Durante os trajetos de ônibus R descia várias vezes, por sentir forte ansiedade, ou ficava com a cabeça abaixada e com os olhos fechados durante toda a viagem.

Uma escala hierárquica foi construída com as situações evitadas por R, que foram trabalhadas gradualmente, ou seja: primeiro era trabalhada a situação que produzia menos ansiedade; quando a ansiedade relativa a essa situação estava reduzida, era enfrentada a próxima da lista e assim sucessivamente, até o fim da lista.

Quadro 3 Exemplo da escala hierárquica de R e grau de ansiedade

	Grau de ansiedade pré-TCC	Grau de ansiedade pós-TCC
1. *Shopping*	70%	20%
2. Falar sobre o trauma	80%	20%
3. Andar pela rua	80%	40%
4. Empresa onde trabalhava	80%	0%
5. Assistir ou ouvir notícias que lembrem o trauma	90%	40%
6. Ônibus	100%	40%
7. Ir ao local do trauma	100%	50%
8. Dirigir	100%	*

O último item não foi trabalhado em terapia, pois o paciente sofreu outro assalto durante o tratamento, com consequente piora nos sintomas e, portanto, atraso no andamento das sessões. Por muito tempo R atribuía pontuação alta à ansiedade e a habituação só foi alcançada nas últimas sessões.

Avaliação psicométrica

Para essa etapa, foram administradas escalas que avaliam aspectos negativos, tais como: *PTSD*

Checklist-Civilian Version – PCL-C (Weathers e cols., 1993); Inventário de Ansiedade de Beck – BAI (Beck e cols., 1988); Inventário de Depressão de Beck – BDI (Beck e cols., 1961); Escala de Experiências Dissociativas – DES (Carlson & Putnam, 1993); Escala de Traço de Afeto Negativo – PANAS-N (Watson, Clark & Tellegen, 1988). E para aspectos positivos: Escala de Resiliência – ER89 (Pesce e cols., 2005); Escala de Apoio Social do *Medical Outcomes Study* – MOS (Sherbourne & Stewart, 1991) e Escala de Traço de Afeto Positivo – PANAS-P (Watson, Clark & Tellegen, 1988). As versões de todas as escalas utilizadas são validadas para o português.

Todas foram administradas antes, mês a mês e depois do tratamento, exceto a escala de apoio social, que não tem os escores do mês 1, e a DES, que foi administrada apenas antes e depois do tratamento. Os escores do BAI e do BDI mantiveram, mais ou menos, o mesmo padrão até o mês 2 e os da PCL-C reduziram-se até esse mês. No mês 3, observa-se aumento considerável nessas escalas, em razão de o paciente ter sido assaltado. A partir do mês 4, houve redução considerável desses escores, que se manteve no *follow up*, exceto o escore de ansiedade (BAI), que aumentou 7 pontos.

Ao longo dos meses, os escores do afeto negativo reduziram e do afeto positivo aumentaram. Os escores da resiliência e do apoio social também aumentaram. Houve grande redução no escore da DES.

Em resumo, os escores das escalas referentes a aspectos negativos diminuíram ao longo do tratamento e se mantiveram até o final. Os escores das escalas relacionadas a aspectos positivos tiveram um aumento durante e ao final do tratamento (Figura 1).

FIGURA 1   Escores das escalas psicométricas do paciente R

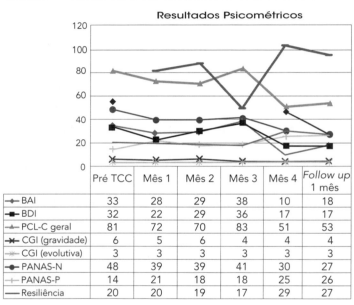

A Figura 2 mostra o desmembramento da PCL-C de acordo com seus grupos de sintomas: revivescência, evitação, entorpecimento emocional e hiperestimulação. Observa-se que os escores da revivescência mantiveram o padrão até o mês 2, tiveram aumento no mês 3, reduziram-se no mês 4 e aumentaram no *follow up*. Os escores da evitação mantiveram o padrão ao longo dos meses e se reduziram no *follow up*. Os escores do entorpecimento reduziram-se ao final e os da hiperestimulação mostraram redução no *follow up* (Figura 2).

FIGURA 2   PCL-C desmembrada

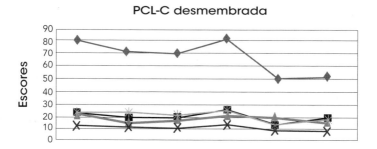

Avaliação psicofisiológica

A avaliação psicofisiológica associada à avaliação psicométrica é uma forma importante de mostrar a eficácia do tratamento psicoterápico. A literatura sugere níveis diminuídos de cortisol em pacientes com TEPT e em pacientes com dissociação após o evento traumático. Quanto à frequência cardíaca, esta é elevada em pacientes com TEPT sem dissociação, mesmo em estado de repouso, e diminuída em pacientes com dissociação, como no caso de R.

Amostras de cortisol salivar e eletrocardiograma (ECG) de R foram coletadas antes, durante (mês a mês) e após o tratamento.

Esses parâmetros fisiológicos se regularizam após o tratamento. No terceiro mês de TCC, com o início do enfrentamento das situações que evitava, inerente à terapia de exposição, R se mostrou muito ansioso e houve piora significativa dos sintomas de ansiedade. Não houve nenhum evento estressor em sua vida nesse momento que pudesse justificar essa variação. Por conseguinte, notou-se queda acentuada na pontuação de escalas que avaliam aspectos positivos e aumento nas pontuações das escalas que avaliam aspectos negativos. Também houve súbito aumento dos níveis de cortisol, que atingiram seu valor máximo durante todo o tratamento.

No quarto mês do tratamento, os escores das escalas mostraram um padrão de resposta mais saudável em relação aos meses anteriores, o que indica possível habituação de R às exposições. Os níveis de cortisol caíram acentuadamente nesse mês e aumentaram de forma menos abrupta ao final do tratamento. O aumento da frequência cardíaca também pode ser indicador da redução dos sintomas dissociativos ao fim da TCC, sugerindo sua eficácia.

Resultados do tratamento

Os sintomas de ansiedade, comportamentos evitativos, revivescências, pesadelos, *flashbacks*, pensamentos e lembranças intrusivas reduziram-se consideravelmente.

R ficou mais tranquilo durante as viagens de ônibus, olhando em volta naturalmente.

Começou a sair mais, ir a lugares que evitava, sentindo-se mais tranquilo. Voltou a levar o filho à escola, a jogar futebol com os amigos, começou a fazer caminhada e frequentar a academia. Ficou mais vaidoso, cuidando mais da aparência. Tem ido a festas e conversa sobre o trauma com as pessoas.

Ficou mais confiante e dizia que iria voltar ao seu trabalho, o que aconteceu dois meses depois do tratamento.

Ao final da TCC, R não apresentava mais os sintomas de dissociação. Apesar de não ter sido o foco do tratamento, sugere uma relação entre o tratamento bem-sucedido do TEPT e a redução desse sintoma.

Alguns meses depois do tratamento, R suspendeu toda a medicação por conta própria, pois se sentia muito bem e fortalecido. Por causa disso, teve uma recaída quando estava dirigindo em seu trabalho: começou a ficar ansioso e teve alucinações, vendo a mulher do acidente na sua frente falando com ele. R teve que parar de trabalhar, ficou muito mal e deprimido e voltou com toda a medicação. Foi a uma consulta com o terapeuta para orientação, mas continuou apenas com o tratamento medicamentoso.

Alguns meses depois R se reequilibrou novamente, voltou a trabalhar e a medicação foi retirada gradualmente, com auxílio psiquiátrico.

Perspectivas futuras

Apesar da eficácia da Terapia Cognitivo-Comportamental e dos Inibidores Seletivos de Recaptação da Serotonina, que representam tratamentos de primeira linha para o TEPT, muitos pacientes são intolerantes e/ou resistentes a esses tratamentos. Na prática clínica, os tratamentos farmacológicos são, de modo geral, o primeiro recurso a ser utilizado para o TEPT, devido à limitação do número de profissionais especializados em TCC e à maior facilidade de acesso aos fármacos (Insel, 2009). A adição da TCC ao tratamento de pacientes resistentes ao tratamento farmacológico parece conduzir a benefícios adicionais em comparação ao tratamento farmacológico isolado (Foa, 2009; Rodrigues e cols., 2011).

Nesse contexto e a partir do avanço da pesquisa translacional, o antibiótico D-cicloserina (DCS) emerge como uma nova estratégia de potencialização da TCC. Estudos com modelo animal sugeriram fortemente a ideia de que a DCS facilita o processo de extinção (Walker e cols., 2002), que é central na terapia de exposição, principal técnica da TCC para o tratamento dos transtornos de ansiedade. A DCS é um agente glutamatérgico, agonista parcial do receptor N-methyl-D-aspartate (NMDA), ou seja, a DCS tem sua ação no glutamato, aumentando os efeitos nos receptores NMDA, que possui sítios de ligação.

A DCS foi, inicialmente, indicada para o tratamento da tuberculose, do Alzheimer e para os sintomas negativos da esquizofrenia (Goff e cols., 1999; Tsai e cols., 1999). A DCS parece não ter propriedades ansiolíticas, e sim um papel na potencialização da aprendizagem de extinção do medo, que é central na terapia de exposição. Evidências apontam que a DCS é mais eficaz quando administrada em baixas doses (50 mg), em um número limitado de vezes e imediatamente antes (uma ou duas horas) da terapia de exposição (Ganasen e cols., 2010; Norberg e cols., 2008). Até o presente ano, foi localizado apenas um estudo com DCS para o tratamento do TEPT, entretanto, o uso da DCS nesse estudo não teve como objetivo potencializar a terapia de exposição, e sim investigar os mecanismos neurais da ação da DCS (Heresco-Levy e cols., 2002). Sendo assim, a DCS para potencializar a TCC no tratamento do TEPT representa uma área rarefeita, que necessita do desenvolvimento de ensaios randomizados futuros. O uso da DCS no ambiente clínico poderia representar potenciais vantagens, como o planejamento de um tratamento de curta duração, com o uso de doses pontuais da substância e maior possibilidade de pacientes terem acesso aos cuidados médicos.

Outra importante estratégia de potencialização da terapia de exposição tradicional é a Realidade Virtual (RV), que apresenta supostas vantagens, como maior possibilidade de controle da exposição e maior imersão do paciente na situação. Por outro lado, de acordo com Meyerbroker e Emmelkamp (2010), uma importante limitação diz respeito à dificuldade em construir um contexto que se refira exatamente ao relato traumático do paciente. Entretanto, são necessários apenas alguns estímulos produzidos pelo ambiente virtual para a ativação da memória traumática (Ready e cols., 2006).

Estudos apontam que o tratamento com RV parece não ser mais eficaz do que as técnicas tradicionais de exposição (McLay e cols., 2011). A RV parece ser uma potencial intervenção no tratamento de pacientes resistentes à exposição tradicional, por permitir maior engajamento do paciente e maior ativação da memória traumática, condição necessária para a extinção do medo condicionado (Difede e cols., 2007).

Referências

AMERICAN PSYCHIATRIC ASSOCIATION (1994). *DSM-V, Diagnostic and statistical manual of mental disorders* (4a. ed.). Washington, DC: Autor.

BALLENGER, J. C., Davidson, J. R. T., Lecrubier, Y., Nutt, D. J., Foa, E. B., Kessler, R. C., McFarlane, A. C., & Shalev, A. Y. (2000). Consensus statement on posttraumatic stress disorder from the International Consensus Group on Depression and Anxiety. *Journal of Clinical Psychiatry*, 61(5), 60-66.

BALLENGER, J. C., Davidson, J. R. T., Lecrubier, Y., Nutt, D. J., Marshall, R. D., Nemeroff, C. B., Shalev, A. Y., & Yehuda, R. (2004). Consensus statement update on posttraumatic stress disorder from the International Consensus Group on Depression and Anxiety. *Journal of Clinical Psychiatry*, 65(1), 55-62.

BALLONE, G. Transtorno por estresse pós-traumático. In PsiqWebt, disponível em www.psiqweb.med.br, revisto em 2005.

BEAUREGARD, M. (2007). Mind does really matter: evidence from neuroimaging studies of emotional self-regulation, psychotherapy, and placebo effect. *Elsevier*, 218-236.

BECK, A. T., Epstein, N., Brown, G., & Steer, R. A. (1988). An inventory for measuring clinical anxiety: psychometric properties. *Journal of Consulting and Clinical Psychology*, 56, 893-897.

BECK, A. T., Ward, C. H., Mendelson, M., Mock, J., & Erbaugh, G. (1961). An inventory for measuring depression. *Archives of General Psychiatry*, 4, 53-63.

BERGER, W., Mendlowicz, M. V., Marques-Portella, C., Kinrys, G., Fontenelle, L. F., Marmar, C. R., & Figueira, I. (2009). Pharmacologic alternatives to antidepressants in posttraumatic stress disorder: a systematic review. *Progress in Neuro-Psychopharmacology and Biological Psychiatry*, 33(2), 169-180.

BRESLAU, N. (2009). The epidemiology of trauma, PTSD, and other posttrauma disorders. *Trauma Violence Abuse*, 10, 198-210.

BRESLAU, N., Kessler, R. C., Chilcoat, H. D., Schultz, L. R., Davis, G. C. & Andreski, P. (1998). Trauma and posttraumatic stress disorder in the community: the 1996 Detroit area survey of trauma. *Archives of General Psychiatry*, 55, 626-632.

BREWIN, C. R. (2001). A cognitive neuroscience account of posttraumatic stress disorder and its treatment. *Behaviour Research and Therapy*, 39, 373-393.

BREWIN, C. R., Andrews, B. & Valentine, J. D. (2000). Meta-analysis of risk factors for posttraumatic stress disorder in trauma-exposed adults. *Journal of Consulting and Clinical Psychology*, 68 (5), 747-766.

BRYANT, R. A., Felmingham, K., Kemp, A., Das, P., Hughes, G., Peduto, A., & Williams, L. (2008a). Amygdala and ventral anterior cingulate activation predicts treatment response to cognitive behaviour therapy for post-traumatic stress disorder. *Psychological Medicine*, 38, 555-561.

BRYANT, R. A., Felmingham, K., Whitford, T. J., Kemp, A., Hughes, G., Peduto, A. & Williams, L M. (2008b). Rostral anterior cingulate volume predicts treatment response to cognitive-behavioral therapy for posttraumatic stress disorder. *Journal of Psychiatry Neuroscience*, 33(2), 142-146.

CARLSON, E. B., Putnam, F. W. (1993). An update on the dissociative experiences scale. *Dissociation*, 6(1), 16-26.

CHARNEY, D. (2003). Neuroanatomical circuits modulating fear and anxiety behaviors. *Acta Psychiatry Scandinavica*, 108(417), 38-50.

DAVID, D., Mellman, T. A., Mendoza, L. M., Kulick-Bell, R., Ironson G., & Schneiderman, N. (1996). Psychiatric morbidity following Hurricane Andrew. *Journal of Traumatic Stress*, 9(3).

DAVIDSON, J. R. T., Baldwin, D., Stein, D. J., Kuper, E., Benattia, I., Ahmed, S., Pedersen, R., & Musgnung, J. (2006a). Treatment of posttraumatic stress disorder with venlafaxine extended release: a 6-month randomized controlled trial. *Archives of General Psychiatry*, 63(10), 1158-1165.

DAVIDSON, J., Rothbaum, B. O., Tucker, P., Asnis, G., Benattia, I., & Musgnung, J. J. (2006b). Venlafaxine extended release in posttraumatic stress disorder: a sertraline and placebo-controlled study. *Journal of Clinical Psychopharmacology*, 26(3), 259-267.

DIFEDE, J., Cukor, J., Jayasinghe, N., Patt, I., Jedel, S., Giosan, C. & Hoffman, H. (2007). Virtual reality exposure therapy for the treatment of posttraumatic stress disorder following September 11, 2001. *Journal of Clinical Psychiatry*, 68(11), 1639-1647.

ETKIN, A., Phil, M., Pittenger, C., Polan, H. J. & Kandel, E. R. (2005). Toward a neurobiology of psychotherapy: Basic science and clinical applications. *Journal of Neuropsychiatry & Clinical Neurosciences*, 17, 145-158.

FARROW, T. F. D., Zheng, Y., Wilkinson, I., Spence, S., Deakin, J. F. W., Tanier, N., Griffths, D. & Woodruff, P. (2001). Investigating the functional anatomy of empathy and forgiveness. *Neuroreport*, 12(11), 2433-2438.

FARROW, T. F. D., Hunter, M. D, Wilkinson, I. D., Gouneea, C., Fawbert, D., Smith, R., Lee, K. H, Mason, S., Spence, S. A., & Woodruff, P. W. R. (2005). Quantifiable change in functional brain response to empathic and forgivability judgments with resolution of posttraumatic stress disorder. *Psychiatry Research Neuroimaging*, 140(1), 45-53.

FELMINGHAM, K., Kemp, A., Williams, L., Das, P., Hughes, G., Peduto, A. & Bryant, R. (2008). Changes in anterior cingulate and amygdala after cognitive behavior therapy of posttraumatic stress disorder. *Psychological Science*, 18(2), 127-129.

FIGUEIRA, I., & Mendlowiscz, M. (2003). Diagnóstico do transtorno de estresse pós-traumático. *Revista Brasileira de Psiquiatria*, 25(1), 12-6.

FOA, E. B. (2009). Effective treatments for PTSD. In: Foa, E. B., Keane, T. M., Friedman, M. J. (Eds.). *Practice guidelines from the international society for traumatic stress studies*. Guilford Press, NY, 549-558.

FOA, E., & Rothbaum, B. (1998). *Treating the trauma of rape: Cognitive-Behavioral Therapy for PTSD*. New York: The Guilford Press.

GANASEN, K. A., Ipser, J. C., & Stein, D. J. (2010). Augmentation of cognitive behavioral therapy with pharmacotherapy. *Psychiatric Clinics of North America*, 33, 687-699.

GOFF, D. C., Tsai, G., Levitt, J., Amico, E., Manoach, D., Schoenfeld, D. A., Hayden, D. L., McCarley, R., & Coyle, J.T. (1999). A placebo-controlled trial of d-cycloserine added to conventional neuroleptics in patients with schizophrenia. *Archieves of General Psychiatry*, 56, 21-27.

GREENBERGER, D. & Padesky, C. A. (1999). *A mente vencendo o humor*. Porto Alegre: Artmed Editora. (Trabalho original publicado em 1995).

HERESCO-LEVY, U., Kremer, I., Javitt, D. C., Goichman, R., Reshef, A., Blanaru, M., & Cohen, T. (2002). Pilot--controlled trial of D-cycloserine for the treatment of post-traumatic stress disorder. *International Journal of Neuropsychopharmacology*, 5, 301-307.

HYMAN, S. (2007). Can neuroscience be integrated into the DSM-V? *Nature*, 8, 725-732.

INSEL, T. (2009). Translating scientific opportunity into public health impact. A strategic plan for research on mental illness. *Archives of General Psychiatry*, 66(2), 128-133.

JACOBSON, E. (1993). *Relax: como vencer as tensões*. São Paulo: Cultrix.

JOSEPH, S. A., Williams, R., Yule, W., et al (1994). Factor analysis of the Impact of Event Scale with survivors of two disasters at sea. *Personal and Individual Differences*, 16, 693-697.

KESSLER, R. C., Sonnega, A., Bromet, E., Hughes, M., & Nelson, C. B. (1995). Posttraumatic stress disorder in the

National Comorbidity Survey. *Archives of General Psychiatry*, 52, 1048-60.

KUMARI, V. (2006). Do psychotherapies produce neurobiological effects? *Acta Neuropsychiatrica*, 18, 61-70.

LANG, P.J. (1979). A bio-informational theory of emotional imagery. *Psychophysiology*, 17, 495-512.

LEDOUX, J. (2001). *O cérebro emocional*. Rio de Janeiro: Objetiva.

LEDOUX, J. (1998). *O cérebro emocional. Os misteriosos alicerces da vida emocional*. Rio de Janeiro: Objetiva.

LIGGAN, D. Y. & Kay, J. (1999). Some neurobiological aspects of psychotherapy. *Journal of Psychothery Practice and Research*, 8, 103-114.

LINDEN, D. (2006). How psychotherapy changes the brain: the contribution of function neuroimaging. *Molecular Psychiatry*, 11(6), 528-538.

MCLAY, R. N., Wood, D. P., Webb-Murphy, J. A., Spira, J. L., Wiederhold, M. D., Pyne, J. M., & Wiederhold, B. K. (2011). A randomized, controlled trial of virtual reality-graded exposure therapy for post-traumatic stress disorder in active duty service members with combat-related post-traumatic stress disorder. *Cyberpsychology, Behavior, and Social Network*, 14(4), 223-229.

MEYERBRÖKER, K., & Emmelkamp, P. M., (2010). Virtual reality exposure therapy in anxiety disorders: a systematic review of process-and-outcomes studies. *Depression and Anxiety*, 27(10), 933-944.

MORAES, K. (2006). The value of neuroscience strategies to accelerate progress in psychological treatment research. *Canadian Journal of Psychiatry*, 51(13), 810-822.

MOWRER, O. H. (1960). *Learning theory and behavior*. New York: Wiley.

NEMEROFF, C. B. Bremmer, J. D., Foa, E. B., Mayberg, H. S., North, C. S. & Stein, M. B. (2006). Posttraumatic stress disorder: A state-of-the-science review. *Journal of Psychiatric Research*, 40, 1-21.

NORBERG, M. M., Krystal, J. H., & Tolin, D. F. (2008). A meta-analysis of D-cycloserine and the facilitation of fear extinction and exposure therapy. *Biological Psychiatry*, 63, 1118-1126.

ÖHMAN, A. (2005). The role of the amygdala in human fear: automatic detection of threat. *Elsevier*, 30, 953-958.

PESCE, R. P., Assis, S. G., Avanci, J. Q., Santos, N. C., Malaquias, J. V., & Carvalhaes, R. (2005). Cross-cultural adaptation, reliability and validity of the resilience scale. *Cadernos de Saúde Pública,* 21, 2.

READY, D. J., Pollack, S., Rothbaum, B. O., et al. (2006). Virtual reality exposure for veterans with posttraumatic stress disorder. *Aggression, Maltreatment, & Trauma*, 12, 199-220.

RODRIGUES, H., Figueira, I., Gonçalves, R., Mendlowicz, M., Macedo, T., & Ventura, P. (2011). CBT for pharmacotherapy non-remitters – a systematic review of a next-step strategy. *Journal of Affective Disorders*, 129, 219-228.

ROFFMAN, J., Marci, C., Glick, D., Dougherty, D. & Rauch, S. (2005). Neuroimaging and functional neuroanatomy of psychotherapy. *Psychological Medicine*, 35, 1-14.

SCHAUER, M., Neuner, F. & Elbert, T. (2005). *Narrative exposure therapy. A short-term intervention for traumatic stress disorders after war, terror or torture*. Washington: Hogrefe.

SHERBOURNE, C., & Stewart, A. (1991). The MOS social support survey. *Social Science & Medicine*, 32, 705-714.

TSAI, G. E., Falk, W. E., Gunther, J., & Coyle, J. T. (1999). Improved cognition in Alzheimer's disease with short-term d-cycloserine treatment. *American Journal of Psychiatry*, 156, 467-469.

WALKER, D. L., Ressler, K. J., Lu, K. T., & Davis, M. (2002). Facilitation of conditioned fear extinction by systemic administration or intraamygdala infusions of D-cycloserine as assessed with fear-potentiated startle in rats. *Journal of Neuroscience*, 22, 2343-2351.

WATSON, D., Clark, L. A., & Tellegen, A. (1988). Development and validation of brief measures of positive and negative affect: the PANAS scales. *Journal of Personality and Social Psychology*, 54, 1063-1070.

WEATHERS, F. W., Litz, B. T., Huska, J. A. & Keane, T. M. (1993). *PTSD Checklist – Civilian version*. Boston: Behavioral Science Division.

WHEALIN, J. M., Ruzek, J. I., & Southwick, S. (2008). Cognitive–behavioral theory and preparation for professionals at risk for trauma exposure. *Trauma, Violence & Abuse*, 9(2), 100-113.

CAPÍTULO 2

Avaliação e intervenção no transtorno de estresse pós-traumático em crianças e adolescentes: contribuições da terapia cognitivo-comportamental

Patricia Barros

O transtorno de estresse pós-traumático (TEPT) está classificado pelo DSM-IV-TR (APA, 2002) como um dos transtornos de ansiedade. Os critérios utilizados para sua detecção em crianças e adolescentes são os mesmos utilizados para os adultos, embora os sintomas nessas fases pareçam ser mais específicos, sendo hipervigilância, irritabilidade e agitação alguns dos mais observados (Meiser-Stedman, Smith, Glucksman et al., 2008).

A Terapia Cognitivo-Comportamental tem se mostrado eficaz no manejo dos sintomas relacionados a esse transtorno, bem como em relação às consequências de episódios traumáticos de modo geral. Na infância e na adolescência, eventos como abuso sexual, violências doméstica e urbana, desastres e guerras estão entre os mais relacionados à experimentação de sinais de ansiedade pós-trauma (Cohen & Langley, 2012).

Nesses casos, crianças e adolescentes evitam pensamentos, sentimentos e situações relacionados ao episódio traumático ou que estejam associados à sua lembrança. Segundo Cohen e Langley (2012), o modelo cognitivo-comportamental explica que tais memórias e pensamentos se transformam em gatilhos que estão condicionados a uma série de sintomas fisiológicos e psicológicos negativos. Assim, por condicionamento operante, as crianças aprendem a evitar tais disparadores, deixando de pensar e falar sobre o ocorrido.

Além disso, eventos traumáticos podem facilitar, ainda, o desenvolvimento de crenças distorcidas nesses indivíduos, que podem ser mantidas e ampliadas, gerando uma série de prejuízos até a vida adulta (Scheeringa, Wright, Hunt et al., 2006). Pensamentos relativos a ser vulnerável, ter sido responsável pelo trauma ou ser indigno de amor e respeito são comumente despertados por eventos traumáticos. Quando ativados em fases iniciais de formação da personalidade, têm maiores chances de estarem associados ao desenvolvimento de comorbidades psiquiátricas como transtornos depressivos e ansiosos (Runyon, Faust, & Orvaschel, 2002), uso de substâncias psicoativas (Kilpatrick, Acierno, Saunders, Resnick, & Schnurr, 2000), transtornos alimentares (Brewerton, 2007; Everill & Waller, 1995) e transtornos de personalidade (Fonagy, 2002).

É importante ressaltar que os eventos ocorridos nas fases da infância e da adolescência são de extrema relevância para a formação do sistema de crenças, bem como para o desenvolvimento da autorregulação emocional e comportamental. Alguns fatores devem ser observados quando se trata de intervenções psicoterápicas para o tratamento do TEPT em crianças e adolescentes. Dentre eles, o nível de desenvolvimento cognitivo e emocional da criança na época em que o trauma aconteceu, especialmente as habilidades relativas à linguagem e às estratégias de manejo emocional (Meiser-Stedman, Smith, Glucksman et al., 2008). Adicionalmente, a estrutura familiar e social da criança tem fundamental importância, uma vez que a reação das pessoas incluídas em seu contexto influencia diretamente na formação das crenças sobre o trauma e sua reparação (Weiner, Schneider, & Lions, 2009; Deblinger, Steer, & Lippmann, 1999).

Diante dessas observações, alguns aspectos merecem primordial atenção para avaliação e tratamento do TEPT sob a ótica da TCC. Tomando como base o modelo cognitivo-comportamental mais tradicional, tanto a coleta dos dados quanto a intervenção para o TEPT em crianças e adolescentes envolvem alguns componentes básicos. O primeiro deles diz respeito ao campo afetivo, no qual os sentimentos mais despertados pelo trauma e sua lembrança são medo, ansiedade, raiva e culpa. No domínio comportamental, a evitação é o pilar da manutenção do transtorno, bem como as respostas fisiológicas agudas são os alarmes corporais dos quais a criança tende também a se esquivar. As cognições envolvem pensamentos disfuncionais despertados pelo evento a respeito da própria capacidade da criança em lidar com situações aversivas, além da previsibilidade do mundo e da confiança nas pessoas à sua volta (Cohen & Langley, 2012; Cohen, Berliner, & Mannarino, 2010; Cohen, Berliner, & Mannarino, 2006).

Os prejuízos secundários aos sintomas de TEPT podem ser observados em diversos contextos, como o escolar, por exemplo. Pode haver dificuldade com os conteúdos acadêmicos, uma vez que os pensamentos intrusivos relacionados ao trauma e a hipervigilância ao ambiente desviam a concentração da criança (Jaycox, Stein, & Amaya-Jackson, 2009). Além disso, alguns comportamentos agressivos podem ser verificados como consequência de humor mais irritado, o que causa impacto não apenas nas questões escolares, mas no campo social de modo geral. Crianças fisicamente violentadas podem se tornar praticantes de *bullying* ou demonstrar sua raiva envolvendo-se em episódios de brigas verbais e físicas (Cohen, Berliner, & Mannarino, 2010; Glasser, Leitch, & Farrelly, 2001). Tais componentes precisam ser abordados ao longo da intervenção, envolvendo uma avaliação criteriosa da interpretação e da reação da criança ou adolescente ao trauma.

Avaliação para o tratamento de TEPT em TCC

O processo inicial de mapeamento do funcionamento da criança/adolescente passa primeiramente pela identificação da evitação comportamental dos elementos associados ao trauma. Pensando numa futura exposição a esses disparadores, é importante identificá-los, organizando-os de acordo com uma ordem hierárquica, a partir daquele que gera menos ansiedade àquele que a desperta em maior intensidade. Assim, a identificação dos sentimentos condicionados aos disparadores das lembranças do trauma, especialmente os de ansiedade e medo, é fundamental (Cohen, Berliner, & Mannarino, 2010; Smith, Yule, Perrin et al., 2007).

A investigação inicial é dificultada, uma vez que esses indivíduos evitam até mesmo pensar no evento. O auxílio dos pais é primordial na detecção das situações evitadas, bem como qualquer outro tipo de comportamento relativo ao acontecimento. Episódios de condutas agressivas não são incomuns, visto que podem ser consequentes aos sentimentos de raiva em relação ao agressor ou à situação traumática.

Momentos de isolamento podem ser observados quando a criança experimenta tristeza ou vergonha. Dessa forma, o objetivo é mapear, em diversos contextos, os comportamentos que não eram típicos da criança antes do evento ou período correspondente ao trauma (Scheeringa, Wright, & Hunt, 2006). O momento em que as condutas da criança passaram a mudar pode ser, ainda, uma pista para detectar o ponto de início do período de um abuso sexual velado, por exemplo (Sanderson, 2005).

Adicionalmente, torna-se importante ter como parâmetro as etapas do desenvolvimento típico na infância e na adolescência, uma vez que algumas dessas etapas podem ser antecipadas ou subtraídas desse processo. Um exemplo disso se dá em alguns casos de abuso sexual nos quais a criança apresenta comportamentos com conotação sexual precocemente, como roupas ou maquiagem inapropriadas para a idade e o contexto cultural (Scheeringa, Wright, & Hunt, 2006; Sanderson, 2005; Deblinger, Lippman, & Steer, 1996).

Aos disparadores das lembranças estão ainda associadas reações somáticas, incluindo dores de cabeça, no estômago e musculares, dificuldades no sono, hipervigilância e hiper-responsividade aos estímulos. Tais respostas correspondem aos sinais e consequências do mecanismo de alerta típico da ansiedade e do medo. É necessário identificar junto à criança e à família tais reações fisiológicas e suas intensidades.

Pode-se fazer uso do desenho de um corpo humano para marcar, junto com a criança ou adolescente, as partes que sofrem alterações de funcionamento. Cabe ressaltar também a relação que os comportamentos, os sentimentos e essas respostas fisiológicas têm com as distorções cognitivas (Cohen & Langley, 2012; Cohen, Berliner, & Mannarino, 2006).

Grande parte do conteúdo dos pensamentos dos indivíduos com TEPT ou que sofreram algum tipo de trauma relaciona-se com um sistema de alerta para detecção do perigo. Especialmente nas fases iniciais da vida, crianças e adolescentes formam seus esquemas a respeito de sua competência. Quando experimentam situações traumáticas, esses indivíduos podem formar pensamentos de incompetência para lidar com o mundo e suas ameaças, como "Eu não posso impedir que coisas ruins aconteçam", ou, ainda, "Eu não sou capaz de me proteger ou proteger minha família". Pensamentos de culpa também podem ser formados: "Por que eu continuo vivo enquanto outras pessoas morreram?", "O que eu fiz que despertou desejo no adulto?".

Essas e outras temáticas preenchem o conteúdo de crenças generalizadas sobre o próprio indivíduo e o mundo, mas que, na verdade, foram oriundas de apenas um ou alguns episódios na vida desses indivíduos. Outros tópicos também podem ser investigados: pensamentos referentes à vergonha ("Todo mundo sabe o que aconteceu"); sobre sentirem-se diferentes ("Isso só acontece comigo"); perda da confiança no sistema de justiça do mundo ("O que aconteceu não é justo!"); imprevisibilidade e perigo do mundo e a vulnerabilidade a ele ("Não posso prever ou controlar o que acontece!") (Cohen & Langley, 2012; Smith, Yule, Perrin et al., 2007).

Trazer à tona o funcionamento de uma criança ou adolescente que passou por eventos traumáticos exige cuidado, especialmente no que diz respeito ao estabelecimento da relação terapêutica. Esses indivíduos e suas famílias acabaram de experimentar situações em que suas crenças de desconfiança e imprevisibilidade sobre o mundo e as pessoas foram ativadas. Dessa forma, a postura do terapeuta deve incluir o cuidado com aspectos como o sigilo e, especialmente, a empatia. Os vínculos de apego da criança muitas vezes são rompidos pelo impacto traumático e precisam ser regenerados por meio de verbalizações e atitudes que demonstrem empatia, acolhimento e entendimento do momento que aquele indivíduo está vivenciando. Tal comportamento do terapeuta faz com que o processo de intervenção, que exige um alto grau de encorajamento para que haja a reconstrução da experiência traumática, se inicie de modo mais seguro e confortável para todos aqueles nela envolvidos (Cohen & Langley, 2012; Cohen, Berliner, & Mannarino, 2010).

Intervenção

Tal como ressaltado anteriormente, o tratamento de crianças e adolescentes em casos de TEPT deve primordialmente envolver o engajamento e a confiança do jovem e seu contexto de maneira que a exposição ao trauma se torne menos complexa. Quando o foco do tratamento é a criança, a inclusão das pessoas de seu contexto é fundamental. Alguns estudos têm mostrado que a reação e o manejo da família em relação à situação vivida têm impacto direto na regulação emocional do cliente (Beitchman; Zucker; Hood; Da Costa; Akman, & Cassavia, 1992; Deblinger, Steer, & Lippmann, 1999). Assim, recomenda-se incluir tanto os membros da família envolvidos na experiência vivida quanto todos aqueles que são capazes de dar suporte a criança. As crenças e os comportamentos dos outros indivíduos envolvidos na situação de trauma também contribuem para a formação de padrões de pensamento e condutas da criança em relação ao fato. Em outras palavras, se, por exemplo, a reação dos pais é de desespero em face do evento, as crianças podem entender que a situação é catastrófica e incontrolável. Nesse caso, é de fundamental impacto orientar os participantes diretos e indiretos a manejarem suas próprias emoções e interpretações sobre o evento (Cohen & Langley, 2012).

O envolvimento da família e dos cuidadores no tratamento exige especiais cuidados e procedimentos. Investigar a presença de transtornos psiquiátricos nesses indivíduos ajuda, entre outras coisas, a prever e manejar as reações de pais e cuidadores em situações de estresse. Além disso, um funcionamento menos coeso e a presença de conflitos familiares anteriores ao trauma favorecem pouco o bom andamento do tratamento, sugerindo uma baixa regulação emocional por parte desses familiares. (Cohen & Langley, 2012).

Adicionalmente, os estilos parentais de cuidado nos dão pistas sobre como esses pais lidam com seus filhos. Se o padrão de comportamento dos pais já contribuía para a formação de crenças sobre rejeição ou culpa, há maior probabilidade de que seus filhos reforcem esses esquemas a partir do evento traumático (Sanderson, 2005). Dessa forma, é necessário orientar a família a respeito do impacto de suas condutas não só em relação à situação, mas também ao seu relacionamento com o filho de maneira geral, de modo a não ampliar os esquemas desadaptativos da criança ou adolescente. Ainda, uma vez que a estrutura familiar se mostre mais organizada, sugere-se desenvolver habilidades como solução de problemas para que as situações aversivas possam ser enfrentadas e não evitadas (Cohen, Mannarino, & Deblinger, 2006).

É importante também investigar quanto esses membros estão envolvidos nos eventos do trauma: se, por exemplo, o pai estava dirigindo quando a família sofreu um grave acidente de carro ou, em casos de abuso sexual ou físico, se a criança é ou foi abusada por algum membro da própria família. O grau e a frequência do envolvimento da criança ou adolescente com esses membros e o real nível de perigo que existe de o trauma voltar a acontecer devem ser levados em consideração na hora da conceituação do caso e na participação de cada um dos membros no tratamento (Weiner, Schneider, & Lyons, 2009).

Toda essa estrutura permite que o jovem alcance com mais eficácia e menos sofrimento a exposição gradual ao trauma, que constitui o foco do tratamento para o TEPT. O termo exposição gradual em TCC refere-se basicamente ao processo em que gradualmente e propositadamente se reconstrua a experiência traumática por meio do aumento sistemático da intensidade, frequência e complexidade de material relativo ao trauma (Ruff, Schauer, Neuner et al., 2010).

Assim, o evento (ou eventos) é reconstituído pela narrativa do paciente ou por meio de recursos lúdicos. Cohen e Langley (2012) recomendam que as situações relativas ao trauma sejam descritas acuradamente pela criança, o que exigiria do terapeuta uma postura assertiva no que se refere ao acompanhamento dessa descrição. Algumas vezes há a crença por parte da criança de que sua narrativa não será levada em consideração, por ser "apenas uma criança" ou, ainda, em casos de abusos de modo geral, ela tem receio de ser punida, culpada ou retaliada pelos abusadores (Cohen & Langley, 2012).

Muito possivelmente, a temática do trauma não será abordada espontaneamente pelo paciente, ficando o terapeuta responsável por tratar do assunto por meio de recursos diretos, como entrevistas ou inventários, mas também por recursos indiretos como metáforas, histórias e brincadeiras. Durante as entrevistas é importante que o terapeuta utilize perguntas abertas não tendenciosas para que isso não comprometa o discurso do paciente. O uso de pequenos resumos da fala do paciente funciona como comentários organizadores da experiência, mostrando, ao mesmo tempo, uma compreensão empática das verbalizações da criança (Ruff, Schauer, Neuner et al., 2010).

A psicoeducação é outra ferramenta eficaz nesse processo. É importante não apenas orientar a família e o jovem a respeito do transtorno, mas também "normalizar" as reações ao trauma. Segundo Cohen e Langley (2012), normalizar quer dizer clarificar ao paciente e sua família que os problemas que a criança tem enfrentado são reações comuns a qualquer pessoa que vivencia um trauma e que, à medida que as estratégias de *coping* forem sendo desenvolvidas, tais reações tenderão a diminuir. Além disso, a psicoeducação poderá abordar os números de prevalência do transtorno em crianças, o que ajuda o paciente a perceber que não é o único a enfrentar tal situação. Algumas crianças desenvolvem crenças de que tal acontecimento ocorreu apenas com ela, uma vez que muitos dos eventos traumáticos são velados por outras famílias, como no caso de abuso sexual e físico.

Adicionalmente, uma vez que as respostas fisiológicas comuns à ansiedade são bastante intensas, o relaxamento é fundamental. É necessário que as crianças/adolescentes aprendam a identificar os sinais de ansiedade quando ainda estiverem no início. Isso facilita o manejo das reações fisiológicas e ajuda a criança a detectar melhor os disparadores condicionados ao trauma que geram os sintomas do TEPT (Cohen, Berliner, & Mannarino, 2010).

A autorregulação emocional ajuda a criança a desenvolver estratégias de identificação e expressão de seus sentimentos. Isso facilitará o processo de reconstrução da narrativa sobre o evento traumático. Pode-se fazer uso de jogos e atividades que despertem emoções agradáveis e falar sobre elas: a intensidade em que apareceram, os motivos que as dispararam e o que a criança fez para regular tais sentimentos. Exercícios como esse introduzem a noção de que temos controle de nossos sentimentos, desde sua identificação inicial até a forma como os conduziremos. Para o manejo de sentimentos desagradáveis, sugere-se construir uma "caixa de ferramentas" que contenha estratégias para lidar com eles, como, por exemplo, procurar apoio social de pessoas que considere seguras, solução de problemas e negociação de soluções (Cohen & Langley, 2012).

A mesma ideia deve ser utilizada quando se propuser a reestruturação cognitiva: introduzir a noção de flexibilidade dos pensamentos por meio de situações neutras. É importante atentar para a idade da criança, para que os recursos sejam adaptados para cada uma dessas etapas. É sabido que crianças menores costumam apresentar raciocínio mais concreto e menos flexível, o que dificulta a construção de pensamentos alternativos. Sabe-se ainda que, quando o trauma acontece nas etapas iniciais de vida, as crianças atentam mais aos aspectos mais aparentes da situação para interpretar o evento. Com esses dados em mãos, a reestruturação dos pensamentos distorcidos relativos ao trauma deverá ser iniciada após reconstrução da narrativa do trauma (Ruff, Schauer, Neuner et al., 2010).

É importante que a narrativa sobre o evento seja feita de maneira gradual, sem que se estenda muito ao longo do tratamento. Para crianças e adolescentes, é importante manter atividades mais dinâmicas e de curta duração. Escrever a narrativa como se fosse uma história em quadrinhos ou um livro pode exigir menos esforço cognitivo e emocional desses jovens em comparação à fala (Ruff, Schauer, Neuner et al., 2010).

Cohen e Langley (2012) ressaltam que outro aspecto fundamental durante a narrativa é localizar a experiência traumática ao longo de uma linha do tempo, na qual ela faz parte do passado, o que muitas vezes ajuda a criança a entender que o evento (ou eventos) já aconteceu e não continua a acontecer (caso realmente não se repita). Isso a ajuda a perceber que ela estará apenas contando uma experiência já ocorrida. Usando esse mesmo raciocínio, auxilia-se a criança no entendimento de que, no presente, o propósito é o de construir habilidades para o manejo do problema. A ideia subjacente é enfatizar para a criança que possuímos ferramentas e estamos utilizando esses recursos no enfrentamento do TEPT. Quanto ao futuro, incluir um planejamento de metas ao final dessa linha do tempo cumpre o papel de dar à criança a noção de que há muitas possibilidades à sua frente, independente do trauma ao qual foi exposta.

Os mesmos autores sugerem a inclusão de capítulos introdutórios nos quais o paciente descreva características mais gerais relativas ao trauma, como uma sessão sobre as suas próprias características ou das pessoas envolvidas (como as do abusador, por exemplo). Isso ajudaria a criança ou adolescente a enxergar o papel de cada um no evento traumático e as suas condições diante dele. Isso poderia auxiliar, por exemplo, uma criança menor a entender as suas reais condições diante de um abusador.

A cada episódio de trauma descrito, investigam-se pensamentos, sentimentos e as reações corporais do abusado. Um capítulo final poderia abordar as mudanças que aconteceram na vida da criança a partir do evento, envolvendo não só as consequências negativas, mas também os recursos que a criança já tem usado para enfrentá-lo, bem como o apoio que a criança vem recebendo de pessoas em que ela pode confiar. Ao final da reconstrução do episódio, seja por relato escrito, gravado ou em forma lúdica, o paciente é solicitado a rever o que foi narrado, iniciando-se também o processo de reestruturação (Ruff, Schauer, Neuner et al., 2010).

Se o indivíduo desenvolveu, por condicionamento, medo generalizado a algum disparador neutro associado ao evento, torna-se necessário, ainda, realizar uma exposição gradual a esses estímulos. Entretanto, a exposição só deve ser feita se o disparador for realmente seguro e se a família tiver condições de dar suporte suficiente para que a exposição aconteça até o final (Cohen & Langley, 2012).

Considerações finais

A TCC vem se mostrando recurso eficaz no tratamento de crianças e adolescentes que passaram por traumas, especialmente aqueles que desenvolveram sintomas do TEPT. Nesse processo de intervenção, é importante levar em consideração, entretanto, as condições situacionais nas quais esse indivíduo está inserido. No caso de eventos traumáticos, algumas vezes, há a chance de que a criança ainda esteja exposta às situações ameaçadoras disparadoras dos sintomas, como no caso de guerras ou de violência urbana. Além disso, em outros casos, a criança mantém a convivência com as figuras abusadoras, como em situações em que o abusador é alguém da própria família. Adicionalmente, quando a família não consegue compreender o papel do abusador ou precisa se manter vinculada a ele por algum motivo peculiar, a criança pode não receber o suporte emocional necessário, reforçando assim sua crença de vulnerabilidade e insegurança diante do fato. Portanto, a eficácia da TCC para o TEPT fica, muitas vezes, condicionada a aspectos do contexto situacional, o que limitaria, em parte, seu resultado final. De toda forma, o tratamento destinado a crianças e adolescentes nesse caso se torna diferenciado, especialmente pelo fato de que, estando eles em desenvolvimento de sua personalidade e habilidades sociocognitivas, um impacto traumático pode gerar consequências ao longo de toda a sua vida. Assim, intervenções eficazes não apenas reduzem os sintomas do transtorno, mas também atuam como sistema de prevenção a uma série de consequências futuras.

Referências

BEITCHMAN, J., Zucker, K., Hood, J., Da Costa, G., Akman, D., & Cassavia, E. (1992). A review of the long-term effects of child sexual abuse. *Child Abuse and Neglect,* 16, 101-118.

BREWERTON, T. (2007). Eating disorders, trauma, and comorbidity: focus on PTSD. *Eating Disorders,* 15, 285-304.

COHEN, J. A., Mannarino, A. P., & Deblinger, E. (2006). *Treating trauma and traumatic grief in children and adolescents.* New York: Guilford.

COHEN, J. A., Berliner, L., & Mannarino, A. P. (2010). Trauma-focused CBT for children with trauma and behavior problems. *Child abuse and Neglect,* 34, 215-224.

CONNORS, M., & Morse, W. (1993). Sexual abuse and eating disorders: a review. *International Journal of Eating Disorders,* 13 (1), 1-11.

DEBLINGER, E., Steer, R., & Lippmann, J. (1999). Maternal factors associated with sexually abused children psychosocial adjustment. *Child Maltreatment,* 4(1), 13-20.

DEBLINGER, E., Lippman, J., & Steer, R. (1996). Sexually abused children suffering posttraumatic stress symptoms: initial treatment outcomes. *Child Maltreatment,* 1, 310-321.

EVERILL, J., & Waller, G. (1995). Reported sexual abuse and eating psychopathology: a review of the evidence for a causal link. *International Journal of Eating Disorders,* 18(1), 1-11.

FEMINA, D.; Yeager, C., & Lewis, D. (1999). Child abuse: adolescent records vs. adult recall. *Child Abuse and Neglect,* 14, 227-231.

FONAGY, P. (2002). Multiple voices versus meta cognition: an attachment theory perspective. In: Sinason, V. (ed.). *Attachment, trauma and multiplicity: working with dissociative identity disorder.* London: Brunner Routledge.

GLASSER, M., Kolvin, L., Campbell, D., Glasser, A., Leitch, I., & Farrelly, S. (2001). Cycle of child sexual abuse: links between being a victim and becoming a perpetrator. *British Journal of Psychiatry,* 179, 482-494.

JAYCOX, L. H., Stein, D. B., Amaya-Jackson, L. (2009). *Scholl-based treatment for children and adolescents.* In: E. B. Foa, T. M. Keane, & M. J. Friedman et al. (eds.). Effective treatments for PTSD: practice guidelines from the International Society for Traumatic Stress Studies (pp. 327-345). New York: Guilford.

KILPATRICK, D. G., Acierno, R., Saunders, B., Resnick, H. S., Best, C. L., & Schnurr, P. P. (2000). Risk factors for adolescent substance abuse and dependence: data from a national sample. *J Consult Clin Psychol,* 68, 19-30.

MEISER-STEDMAN, R., Smith, P., Glucksman, E. et al. (2008). The PTSD diagnosis in preschool and elementary school-age children exposed to motor vehicle accidents. *Am J Psychiatry,* 165, 1326-1337.

RUF, M.; Schauer, M.; Neuner. F. et al. (2010). Narrative exposure therapy for 7-to 16-year-old: a randomized controlled trial with traumatized refugee children. *J Trauma Stress,* 23: 437-445.

RUNYON, M. K.; Faust, J.; & Orvaschel, H. (2002). Differential symptom pattern of post-traumatic stress disorder

(PTSD) in maltreated children with and without concurrent depression. *Child Abuse Negl*, 26:39-53.

SANDERSON, C. (2005). Abuso sexual em crianças. Porto Alegre: M. Books.

SCHEERINGA, M.S.; Wright, M. J.; Hunt J. P. et al. (2006). Factors affecting the diagnosis and prediction of PTSD symptomatology in children and adolescents. *Am J Psychiatry*, 163, 644- 651.

SMITH, P., Yule, W., Perrin, S. et al. (2007). Cognitive behavior therapy for PTSD in children and adolescents: a preliminary randomized controlled trial. *J Am Acad Child Adolesc Psychiatry*, 46, 1051-1061.

WEINER, D. A., Schneider, A., & Lyons, J. S. (2009). Evidence-based treatments for trauma among culturally diverse foster care youth: treatment retention and outcomes. *Children and Youth Services Review*, 31, 1199-1205.

Autoras

Ana Lúcia Pedrozo

Mestre em Psicologia pela Universidade Federal do Rio de Janeiro (UFRJ). Terapeuta Cognitivo-Comportamental do Centro de Psicoterapia Cognitivo-Comportamental (RJ).

Eliane Mary de Oliveira Falcone

Psicóloga formada pela Universidade Santa Úrsula (USU), mestre em Psicologia Clínica pela Pontifícia Universidade Católica do Rio de Janeiro (PUC-Rio) e doutora em Psicologia Clínica pela Universidade de São Paulo (USP), com pós-doutorado em psicologia experimental pela mesma instituição. Professora adjunta do Instituto de Psicologia da Universidade do Estado do Rio de Janeiro (UERJ), membro do grupo de trabalho em Relações Interpessoais e Competência Social da Associação Nacional de Pesquisa e Pós-Graduação em Psicologia (ANPEPP). Ex-presidente da Sociedade Brasileira de Terapias Cognitivas (SBTC).

Paula Ventura

Doutora em Ciências pelo Instituto de Biofísica Carlos Chagas Filho (UFRJ) em colaboração com a Universidade Columbia (Nova Iorque). Professora adjunta do Instituto de Psicologia da UFRJ. Professora do Programa de Pós-Graduação do Instituto de Psiquiatria da UFRJ.

Margareth da Silva Oliveira

Psicóloga formada pela Pontifícia Universidade Católica do Rio Grande do Sul (PUC-RS). Mestre em Psicologia Clínica pela mesma instituição, doutora em Ciências pela Universidade Federal de São Paulo (UNIFESP), com pós-doutorado pela University of Maryland (UMBC). Professora do curso de graduação em Psicologia da PUC-RS, professora e pesquisadora do Programa de Pós-Graduação em Psicologia da PUC-RS. Coordenadora do grupo de pesquisa em Avaliação e Atendimento em Psicologia Cognitiva do Programa de Pós-Graduação em Psicologia da PUC-RS. Coordenadora do curso de especialização a distância em Psicoterapia Cognitivo-Comportamental da PUC-RS, pesquisadora bolsista em produtividade em pesquisa do Conselho Nacional de Desenvolvimento Científico e Tecnológico (CNPq), sócia-fundadora da Federação Brasileira de Terapias Cognitivas (FBTC), membro do corpo edital da *Revista da FBTC*, vice-presidente da Associação Latino-Americana de Psicoterapias Cognitivas (ALAPCO, gestão de 2010-2012), secretária da Associação Brasileira de Estudos do Álcool e outras Drogas (ABEAD, gestão de 2009-2011) e presidente do Congresso da Asociación Psicológica Ibero-americana de Clínica y Salud.

Patricia Barros

Psicóloga com formação em Terapia Cognitivo-Comportamental. Pós-graduada em Saúde Mental Infantojuvenil (Santa Casa de Misericórdia, RJ). Mestre e doutoranda em Psicologia Social (Universidade do Estado do Rio de Janeiro), coordenadora acadêmica do Curso de Extensão em Terapia Cognitivo-Comportamental com crianças e adolescentes (Santa Casa de Misericórdia, RJ).

Impresso por :

Tel.:11 2769-9056